Library of Marxism Studies, Volume 2

马克思主义研究论库

第二辑

国家出版基金项目
NATIONAL PUBLICATION FOUNDATION

《资本论》导读

Marx's *Das Kapital* for Beginners

[英]迈克尔·韦恩（Michael Wayne） 著

崔圣闰（Sungyoon Choi） 图

李 智 译

中国人民大学出版社

· 北京 ·

马克思主义研究论库

编委会名单

出版说明

　　马克思主义是我们立党立国的根本指导思想，是我们认识世界、改造世界的强大理论武器，加强和推进马克思主义理论研究和建设，具有十分重要的意义。当前，随着中国特色社会主义伟大实践深入推进，新情况、新问题层出不穷，迫切需要我们紧密结合我国国情和时代特征大力推进理论创新，在实践中检验真理、发展真理，研究新情况，分析新矛盾，解决新问题，用发展着的马克思主义指导新的实践。时代变迁呼唤理论创新，实践发展推动理论创新。当代中国的学者，特别是马克思主义学者，要想适应时代要求乃至引领思想潮流，就必须始终以高度的理论自觉与理论自信，不断推进马克思主义中国化、时代化、大众化，不断赋予马克思主义新的生机和活力，使马克思主义焕发出强大的生命力、创造力、感召力，放射出更加灿烂的真理光芒。

　　为深入推进马克思主义理论研究、马克思主义中国化研究，中国人民大学出版社组织策划了"马克思主义研究论库"丛书。作为一个开放性的论库，该套丛书计划在若干年内集中推出一批国内外有影响的马克思主义研究高端学术著作，通过大批马克思主义研究性著作的出版，回应时代变化提出的新挑战，抓住实践发展提出的新课题，推进国内马克思主义研究，促进国内哲学社会科学的繁荣发展。

　　我们希望"马克思主义研究论库"的出版，能够受到广大读者的欢迎，为推动国内马克思主义研究和教学做出更大贡献。

中国人民大学出版社

目　录

导　言

　　卡尔·马克思的《资本论》第一卷最初出版于 1867 年。它以一种独特的方式把马克思 20 多年来对资本主义的思考成果汇集在一起。

　　《资本论》是对资本主义的一种批判。但马克思所批判的对象不是资本主义的某一种具体的样式，他旨在阐明资本主义的基本特征——无论它从什么样的国家、从怎样的历史时期发展而来。因此，《资本论》必然是一种相当概括、相当抽象的分析，这也是它难读的原因之一。

　　《资本论》之所以难读的另一个原因是，它对资本主义的深入批判，所针对的就是你——作为读者——与我——作为作者——都成长于其中并在其中逐步被社会化的这种制

卡尔·马克思

度。基于它并不接受我们持有的、通常由我们所处的各种组织机构再生产的许多常识性假定，因此，它有时完全是一种反直觉式的阅读。

资本主义这套社会经济制度，从其兴起、发展到成熟大致经历了 400 年。自《资本论》出版以来，资本主义就竭力想证明马克思的批判是错误的或不切实际的，而实际上《资本论》一直在为试图理解世界的一代代新人提供武器装备。如今，资本主义制度几乎遍及全球，我们为何还要读马克思的这本书呢？

这是因为：大多数人至少有这样的印象——一切都不相宜。许多人甚至还有这样一种深刻的印象——人类正面临着诸多重大的问题。马克思的《资本论》恰好为解答情况何以如此提供了最为系统的解释。

《资本论》不可能或者说也不应当被贴上"经济学"的标签。它其实是一部政治学、历史学、经济学、社会学、哲学有时甚至是文学作品（确实，马克思的文风丰富多样，又引人入胜）。它甚至还包含早期的马克思主义文艺评论。马克思经常援引各大作家如莎士比亚、歌德、巴尔扎克等人的话来阐明与货币的性质有关的问题。

譬如，在考察资产阶级（及更广泛的资本主义制度）如何在积累货币的冲动与享用财富成果的欲望之间挣扎时，他援引了歌德的悲剧《浮士德》中的主人公作为资本家的形象：

> 他的胸中有两个灵魂，一个要想同另一个分离！

> ——马克思，《资本论》

如同我们所看到的，两个始终相互分离的灵魂（一个被两种彼此冲突的规则、命令所撕扯的分裂的人）是马克思关于资本主义描述中的一种典型意象。

在此，马克思看待问题的方式揭示了他的整个研究方法。他在阅读政治学、经济学、宗教学、哲学和文学（如上述的例子）等领域的文献时，往往要探寻其中隐藏的社会

内容。

在《资本论》中，马克思探究的主要对象是货币、利润和资本诸如此类的经济学范畴的事物何以强有力地掩盖着决定它们的社会内容，它们又是如何进行掩盖的。这些内容恰好指涉构成我们整个日常生活的种种事物，所以，《资本论》包罗万象，它为我们提供了远远超越惯常"经济学"范围的深刻见解。

　　《资本论》的开头类似于一个侦探故事，它重构了实际发生在日常生活中的事情，而这一切看似"清白无辜"却无从溯源。当作为监察员的马克思亲临现场时，并不明了这里是否发生过罪行，但作恶的行为确已发生。

第一章　商　品

马克思是从某个极其普通而日常的事物出发开启他的资本主义批判的，这个事物就是商品。《资本论》的开篇语是：

> 资本主义生产方式占统治地位的社会的财富，表现为"庞大的商品堆积"，单个的商品表现为这种财富的元素形式。因此，我们的研究就从分析商品开始。
>
> ——马克思，《资本论》

每个人都知道，商品是用于买卖或拿来交换被认为具有等量价值之物即等价物的东西。

显然，商品之所以能买卖，是因为它对人有用。

那么，商品包含两个方面，它同时具有使用价值和交换价值。交换价值表现在商品用来交换的价格水平上。

于是我们就有了关于商品的一种开放的定义：商品是因为对人有用而被用于买卖的物品。诸如此类的表述，好像都没有问题。商品使用价值的一面和交换价值的一面似乎天然地紧密相连。

> 最初一看，商品好像是一种简单而平凡的东西。对商品的分析表明，它却是一种很古怪的东西，充满形而上学的微妙和神学的怪诞。
>
> ——马克思，《资本论》

如果说商品看似是一种简单而易于理解的东西，那么马克思所要表明的是，在资本主义制度下，物品并不是它们所显示的那样。

马克思的分析揭示了在现代资本主义社会里使用价值和交换价值到底是如何相互冲突的。

首先，我们来考察物品的使用价值这一面。想想我们随机举出几样产品：一包袋泡茶、一把锤子、一架双筒望远镜等等。

你若把它们当作使用价值来看，那么你首先注意到的是：它们的用途有多大的差别。实际上，它们是各不相同的、独特的产品。

试想用袋泡茶去重击钉子或是用锤子去放大远处的对象，这些事情你是不可能做成的。

> 物的有用性使物成为使用价值。但这种有用性不是悬在空中的。它决定于商品体的属性，离开了商品体就不存在。
>
> ——马克思，《资本论》

与此同时，由于各不相同，这些产品所具有的独特用途在很大程度上取决于它们的物理结构。

设想用不带任何孔洞的袋泡茶泡出一杯茶；或是使用一架里面不装任何透镜镜片的双筒望远镜，结果会是怎样呢？

由此可见，这些产品的有用性是同其精确的物理结构及其各要素的组合相关联的。而且，这一切都显示出它们在用途上所具有的独特性。

对产品来说，其材料来自哪里？显然，它们是作为某一种形式的自然资料而成形的。茶来自植物，其包装袋由植物材质纤维所制成。钢制的锤子来自铁和碳的混合。制作镜片所需的玻璃也源自砂石诸如此类的自然资源。

当然，自然并不会自发地将自身转化成这些便于使用，让我们的生活变得更美好、更舒适也更为高级的产品。这种转化——在某些方面近乎神奇——是由人类劳动所产生的。

　　劳动首先是人和自然之间的过程，是人以自身的活动来中介、调整和控制人和自然之间的物质变换的过程。人自身作为一种自然力与自然物质相对立。为了在对自身生活有用的形式上占有自然物质，人就使他身上的自然力——臂和腿、头和手运动起来。当他通过这种运动作用于他身外的自然并改变自然时，也就同时改变他自身的自然。他使自身的自然中蕴藏着的潜力发挥出来，并且使这种力的活动受他自己控制。

——马克思，《资本论》

　　可见，使用价值根源于自然和人类劳动之中。这一点贯穿于整个人类历史——而不只局限于近期的资本主义生产史。人类始终在生产源于自然原材料的使用价值。这个生产过程进而把我们培养成有创造力和有才智的人。

　　人类的劳动过程完全不同于支配动物的本能动作：

　　蜘蛛的活动与织工的活动相似，蜜蜂建筑蜂房的本领使人间的许多建筑师感到惭愧。但是，最蹩脚的建筑师从一开始就比最灵巧的蜜蜂高明的地方，是他在用蜂蜡建筑蜂房以前，已经在自己的头脑中把它建成了。劳动过程结束时得到的结果，在这个过程开始时就已经在劳动者的表象中存在着，即已经观念地存在着。他不仅使自然物发生形式变化，同时他还在自然物中实现自己的目的，这个目的是他所知道的，是作为规律决定着他的活动的方式和方法的，他必须使他的意志服从这个目的。

——马克思，《资本论》

由于人类劳动不是由本能冲动而是由创意和想象所引导的，所以人有发明创造力。他们能够适应并改造其生存环境、能够发现有关自身及其周围自然世界的种种事物。所有这一切造就了人类历史不同于自然历史的可能性。

弗里德里希·恩格斯

人手发育成制造工具的器官在人类历史发展进程中具有决定性的意义。正如马克思终身的朋友和合作者弗里德里希·恩格斯所说：

> 因此，我们的祖先在从猿转变到人的好几十万年的过程中逐渐学会了使自己的手适应于一些动作，这些动作在开始时只能是非常简单的。最低级的野蛮人……也总还是远远高出于这种过渡期间的生物。在人用手把第一块石头做成刀子以前，可能已经经过很长很长的一段时间，和这段时间相比，我们所知道的历史时间就显得微不足道了。但是具有决定意义的一步完成了：手变得自由了，能够不断地获得新的技巧，而这样获得的较大的灵活性便遗传下来，一代一代地增加着。
>
> ——弗里德里希·恩格斯，《劳动在从猿到人转变过程中的作用》

因此，劳动正是我们作为人类为何和何为的基础。进一步说，劳动创造的独特的使用价值源于各种不同类型的劳动赋予其作用对象的原材料以特殊的属性。

如果你想要制作纸张，那么，你就应该有对待木材的独特方式，而不能像对待铁矿石那样，把它投到高温炉里。劳动必须依循各种不同的自然资料所具有的特殊属性进行。

　　我们在考虑人类劳动在资本主义制度下所发生的一切时，重要的是要记起马克思在此所表达的对蕴含在劳动中的人类创造力的赞美。

　　人类劳动创造了两类产品：一类是作为进一步被劳动所使用的工具或原材料发挥作用；另一类则生产出可以被个人所消费或使用以便再生产自身的最终产品——无论它是我们头上的屋顶还是可吃的东西。

　　人类劳动施加于其上的工具和原材料仍然还只是隐性的或潜在的使用价值，它们要求劳动进一步把这些使用价值变成现实。

　　　活劳动必须抓住这些东西，使它们由死复生，使它们从仅仅是可能的使用价值转化为现实的和起作用的使用价值。它们被劳动的火焰笼罩着，被劳动当作自己的躯体加以同化，被赋予活力以在劳动过程中执行与它们的概念和使命相适合的职能，它们虽然被消费掉，然而是有目的地，作为形成新使用价值，新产品的要素被消费掉，而这些新使用价值，新产品或者可以作为生活资料进入个人消费领域，或者可以作为生产资料进入新的劳动过程。

——马克思，《资本论》

活劳动是把内在于工具（包括发达的机器设备）或原料的潜能激发出来所必需的，马克思的这一论断对其后来关于资本主义的分析是极其重要的。

应当指出的是，虽然劳动对马克思所谓的"物种存在"来说是绝对首要的，但劳动也有赖于自然。马克思在《资本论》中说，这种关系是"人类生活的永恒的自然条件，因此，它不以人类生活的任何形式为转移，倒不如说，它为人类生活的一切社会形式所共有"。

值得人们思考的是：当资本主义登上人类历史的舞台，人类劳动到底发生了什么变化；同样值得思考的是，在资本主义制度下，自然及我们与自然之间的关系又会发生什么变化。

不过，目前需要从我们迄今所谈及的内容当中提炼出的

一个事实是：使用价值和制造使用价值的过程都是以特殊的属性为特征的。

我们一直在考察产品的使用价值这一面。如同我们所看到的，人类为了生存和发展始终在制造使用价值。这种制造也许是在各种不同的乃至不公正的情境（譬如农奴制或奴隶制）中进行的。当然，这还不是我们当即要讨论的问题。

> 不论财富的社会的形式如何，使用价值总是构成财富的物质的内容。
>
> ——马克思，《资本论》

然而，在最近几百年间，使用价值的制造在很大程度上体现在商品上。这是财富的一种新的社会形式，我们称之为资本主义制度。它意味着使用价值如今是同交换价值结合在一起的。

> 在我们所要考察的社会形式中，使用价值同时又是交换价值的物质承担者。
>
> ——马克思，《资本论》

至此，什么是交换价值呢？

它必然是商品得以相互交换的价值。这种交换价值表现在价格上。那么，何为价格？

> 价格吸附着商品投射在货币身上闪闪发光。

在货币中，商品找到了一种易于分割和携带的交换形式，但货币同时也衡量着商品的价值。

那么，商品的交换价值在货币身上找到了一面价值参照的镜子。

在前资本主义时代，一件普通商品（如一只小鸡）或许曾经一直在同另一件普通商品（如盐）进行交换；而在今天资本主义社会中，一件普通的商品则是同货币进行交换的。

> 一个商品的价值性质通过该商品与另一个商品的关系而显露出来。
>
> ——马克思，《资本论》

货币是普遍的镜子或等价物，它同所有其他普通的商品并存着。它自身实际上就是一件商品，因为它是普通商品交换价值的表征（表现）。

> 作为价值尺度并因而以自身或通过代表作为流通手段来执行职能的商品，是货币。
>
> ——马克思，《资本论》

通过深入考察同时作为交换手段和价值尺度的货币，我们可以找到某种关乎交换价值性质的重要的东西。

设想有三堆货币，一堆比一堆大。关于这几堆货币，我们首先注意到的是：它们之间没有太大的区别，唯一的区别实际上是量的区别。

这同我们在先前讨论的三种普通商品——袋泡茶、锤子和双筒望远镜形成了鲜明的对照。

我们看到，每一种商品都有其不同的质。当然，这些质是以一定的量出现的。量的维度是它们之所以如此的一大自然要素，但对它们各自不同的用途来说，质的维度才是最关键的。不过，货币就只是货币而已，对它，你没有太多可做的事情。

你不能穿货币，也不能吃它、抽它或用它将钉子钉入木制品中。它只有很弱意义上的质的维度。对大多数人来说，关于货币最重要的东西是它的量的维度——你拥有多少货币！

当然，你可以花费货币——如同我们通常所做的那样。但货币自身其实并没有什么内在的使用价值，这一点不像袋泡茶，也不同于毕加索的画。正如格奥尔格·齐美尔（Georg Simmel）这位深受马克思影响的德国社会学家在20世纪初所写到的：

> 货币，了无特色又不偏不倚，成为一切价值的公分母，它不可避免地掏空了事物的核心，它们的个性、独特的价值以及它们之间的不可比性。
>
> ——格奥尔格·齐美尔，《大都会与精神生活》
> (*The Metropolis and Mental Life*)

因此，从这个意义上说，货币不是普通的商品，它是纯粹的交换价值。它是只就其货币价值而言的商品的一种表达。换言之，它只是对商品的交换价值的表达。

> 作为使用价值，商品首先有质的差别；作为交换价值，商品只能有量的差别，因而不包含任何一个使用价值的原子。
>
> ——马克思，《资本论》

要是把我们普通的商品当作"不包含任何一个使用价值的原子"的东西来看待，这意味着什么呢？我们将只会衡量它们各自的价值和使它们等价的每件商品的不同的数量。

由此，大约100袋袋泡茶会等价于1把锤子，1 000袋袋泡茶会等价于1架特制的双筒望远镜，与此同时，大概10把锤子会等价于1架双筒望远镜。

一旦使这些商品等价了，我们就不会再去关注那些把它们区分开来的东西（它们的使用价值）。就其性质而言，它们是同一的——都只是在量上具有可比性的价值的表达。

我们不是拿1 000袋袋泡茶给卖双筒望远镜的商店，而拿的是货币。但无论我们拿的是货币还是袋泡茶，我们表达的基本上是同一个意思：20美元等于1 000袋袋泡茶或1架双筒望远镜。

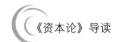

在商品的交换关系本身中，商品的交换价值表现为同它们的使用价值完全无关的东西。

——马克思，《资本论》

在制作等价于 10 把锤子和 1 架双筒望远镜的 1 000 袋袋泡茶时，我们抛开了它们的差异，而断定它们都共享某种东西（这是马克思所提到的抽象行为）。

它们共享的是相同的货币价值。但价值最终是什么呢？由货币来衡量和由交换价值所表达的东西究竟是什么呢？

正是蕴含在商品中的人类劳动力赋予商品以价值。马克思的这一回答乍看起来必然令人诧异。

之所以诧异，是因为我们已经看到，人类劳动本是使用价值的生产者，它同使用价值共享着劳动产品的特殊的属性。由此，人类劳动力何以能够凝结到商品中而成为交换价值，成为马克思所谓的"无差别的人类劳动的单纯凝结"？

当人类劳动开始在资本主义制度下生产商品，进而使迥然不同的商品被当作等价物来衡量时，这种人类劳动到底发生了什么变化？

> 随着劳动产品的有用性质的消失，体现在劳动产品中的各种劳动的有用性质也消失了，因而这些劳动的各种具体形式也消失了。各种劳动不再有什么差别，全都化为相同的人类劳动，抽象人类劳动。
>
> ——马克思，《资本论》

由此可见，一方面，人类劳动生产出使用价值；另一方面，人类劳动经历了某种"抽象"，正是这种抽象的人类劳动创造了商品的价值。

至此，我们已得知：商品是由两部分或两个要素——使用价值和交换价值——所构成。我们也开始看到，这两者在商品中的结合并不像我们一开始所预想的那样和谐。为什么呢？因为交换价值完全不在乎使用价值。

因而，使用价值与交换价值只是"同床异梦"的"盟友"。它们在商品中彼此联系，但其中一个是以质的原则为特征（使用价值），另一个则是以量的原则为特征（交换价值）。

> 假如商品能说话，它们会说：我们的使用价值也许

使人们感到兴趣。作为物，我们没有使用价值。作为物，我们具有的是我们的价值。我们自己作为商品物进行的交易就证明了这一点。我们彼此只是作为交换价值发生关系。

——马克思，《资本论》

我们现在可以看到，商品的两个方面并不必然"合得来"。在此，我们立足于一种矛盾冲突之上。当两条相互否定的原则蕴含在同一个现象、一件事物或一种制度之内时，矛盾冲突就会发生。

而且，我们还看到，不管怎样，商品的二重性是同从事商品生产的劳动的二重性相关联的。一方面，存在具体劳动，马克思在《资本论》中称之为"特定种类的生产活动。这种生产活动是由它的目的、操作方式、对象、手段和结果决定的"。

另一方面，存在抽象劳动，这种抽象劳动并非是一种独立的活动，而是与具体劳动交织在一起的。但是，抽象劳动似乎同具体劳动相反，它没有特殊规定性或特征。抽象劳动是同质的和等义的，没有任何差异，有的只是体力的耗费。

（我们尚不知道，劳动为何变得抽象——虽然在迄今所讨论的内容中存在相关的线索；我们也不知道，这种抽象劳动是如何同具体劳动相联系的。对这些问题我们在后面都会找到答案。）

　　这就是商品如何在现代社会进行交易的基础所在。商品能够等价于迥然不同的事物，这种趋势的提升带来了可供数量众多的人使用（在金钱允许的范围内）的使用价值的巨大膨胀。在此，马克思是第一个为资本主义制度的成功喝彩的人。

　　然而，我们也可以看到，使用价值与交换价值、具体劳动与抽象劳动之间的内在矛盾是一个问题。马克思确信，正如这些矛盾曾经发展和深化了资本主义持续存在的历史正当性一样，它们也在侵蚀着这种历史正当性。

　　在此，你可能会怀疑自己是不是拣选了一本错误的书。你预期这本书关于被剥削的工人和贪婪的资本家会说什么呢？那好，我们马上来回答这个问题。不过，为了理解这场斗争的关键所在以及矛盾冲突的各方实际上代表了什么样的社会力量，我们需要像马克思所做的那样广泛地来考察。

> 　　我所使用的分析方法至今还没有人在经济问题上运用过，这就使前几章读起来相当困难。……在科学上没有平坦的大道，只有不畏劳苦沿着陡峭山路攀登的人，才有希望达到光辉的顶点。
>
> 　　　　　　　　　　　　　　　　——马克思，《资本论》

　　马克思所使用的分析方法被称为内在批判。它始于一个简单的范畴（譬如商品），然后逐渐"展开"详尽而复杂的

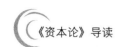

范畴网络。之所以有动力这么做，是因为这种"内在"批判在范畴内部和范畴之间发现了矛盾，并且发觉了这些范畴所无法解释的现实的方方面面。这就会驱使批判者阐发出新的范畴，或是重新界定原有的范畴以使它们具有更大的解释力。

这是一种不同寻常的方法，对许多习惯于基于历史叙述和经验信息展开论述的读者来说，它或许很陌生。马克思的方法反映了德国哲学的传统，尤其是深受伟大的哲学家黑格尔的影响。它是一种深入问题的强有力的方法，因为马克思的批判并不依赖于他随心所欲地把自身的经济、政治和伦理评判标准运用于资本主义。相反，早在工作完成之前，马克思就已经从内部戳穿了他的研究对象——资本主义制度。

第二章　商品交换

现在，我们必须进入一个神奇的领域——发达资本主义的市场领域。这是一个资产阶级的经济和政治在其中正处于狂欢状态的领域，因为在这个交换领域内，呈现的一切方式都是从尽可能美好的角度来展示资本主义制度的。这也是一个为许多资本主义社会观念和价值观成长提供肥沃土壤的领域。

商品不能自己到市场去，不能自己去交换。因此，我们必须找寻它的监护人，商品占有者。商品是物，所以不能反抗人。……为了使这些物作为商品彼此发生关系，商品监护人必须作为有自己的意志体现在这些物中

的人彼此发生关系，因此，一方只有符合另一方的意志，就是说每一方只有通过双方共同一致的意志行为，才能让渡自己的商品，占有别人的商品。可见，他们必须彼此承认对方是私有者。这种具有契约形式的（不管这种契约是不是用法律固定下来的）法的关系，是一种反映着经济关系的意志关系。

——马克思，《资本论》

在此，马克思的话带有一些讽刺意味，因为随后我们会看到，商品确实具有"反抗其被认定的占有者的力量"。但我们作为消费者的身份却在交换领域内被资本主义制度持续不断地强化着。这种意识——作为一个消费者的我们被赋予权力——根源于我们进入市场的日常现实。这是一个看似自由的领域，在其中，商品所有者聚在一起，并基于一致同意进行商品交易。它也是一个法治的领域，是一个我们在其中可以表达个人意志的地方。换句话说，交换不只关乎经济，同时也关乎我们如何作为，如何意识，我们做何种预设，何种社会在整体上被证实是"正常的"。

为了进一步考察交换领域所发生的一切，必须寻找某种"角色"（演员）：买方和卖方。

买者进入市场寻找一件外套。冬天来临，他要准备过冬的衣服。

买者口袋里有一件他可以用来同他想要的外套进行交换的商品。这件商品就是货币。马克思告诉我们，货币无非是商品本身——是货币形式的商品。

> 商品并不是由于有了货币才可以通约。恰恰相反。因为一切商品作为价值都是对象化的人类劳动，从而本身可以通约，所以它们能共同用一个独特的商品来计量自己的价值，这样，这个独特的商品就转化为它们共同的价值尺度或货币。
>
> ——马克思，《资本论》

由此，买者的口袋里有了共通的价值尺度。由于从小就体验过市场运作的方式，买者知道，要是口袋里没有这种特殊的商品，就不可能有进入市场的"意愿"或动力。只有不名一文的人才会体验到被市场完全排斥在外的感觉。只要口袋里有几枚硬币，我们就都可以进入被目的性包装的市场——无论多么衣衫褴褛。

我们感受到意图（目的）是我们自己的。从某个层面说，它确实存在着。正是买者自己决定了在其所需要的所有东西中他今天需要买一件外套。没有人命令买者进入市场。在市场上，也没有一位售卖者命令买者让渡他们的货币。不过，买者必须进入市场去满足其需求。买者买不到的一样东西是退出市场的选择权。

在市场上，买者从其他买主身旁经过。他们中的有些人要比我们的买者富有，也有些人要更贫穷一些。但所有的人都用同样的物质、同样的货币来购买东西。没有一种流通手段只针对这一些人，而另一种流通手段则针对另一些人。有时候，经济状况迥然不同的人甚至会在同一家商店购买同样的商品，但就交换活动本身而言，你只会看到完全相同的购买行为。

在马克思的《1857—1858 年经济学手稿》中，有一系列的注释为其后来成为《资本论》的内容奠定了基础。马克思这样写道：

> 一个购买面包的工人和一个购买面包的百万富翁，在这一行为中都只是单纯的买者，而零售商对他们来说只是卖者。
>
> ——马克思，《1857—1858 年经济学手稿》

买者并没有明显意识到这类社会差异，他照常急匆匆地经过商店，他知道，他支付得起比这些商店通常出售的外套价格还要多的钱来买一件外套，但他不会因此而想要支付这些钱。买者还会在其他商店的橱窗外闲逛，这些商店在以超出他愿意支付的价格水平出售衣服。这并不是说，这些外套完全超出了买者的购买力。买者有许多的需求，不只是今天的，还有明天的，每一种需求都要在市场上花钱来实现。因此，买者必须参照其他商品的价值来衡量和评估其对每种商品的购买行为，看它是否值得。

最终，买者发现了他一直想要的那件外套，花 100 美元买下了它。就在交易发生的那个神奇的瞬间，价值经历了一

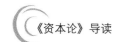

种形式上的变换。曾在买者口袋里的货币转换成了一件具有他想要的使用价值的外套。曾在商店里的外套则转换成了离开了买者口袋的那份货币。

> 商品转化为货币，同时就是货币转化为商品。
>
> ——马克思，《资本论》

商店营业员向买者打招呼还祝福他，但无论是买者还是卖者都很清楚，他们之间的关系完全限于交换行为。

> 在这里，人们彼此只是作为商品的代表即商品占有者而存在。
>
> ——马克思，《资本论》

买者离开了商店，从一位正在乞讨的流浪汉身旁经过。购买的过程使他有点疲劳，而结果却让他满意，买了一张报纸，进入一家咖啡馆小憩。在那儿，他从报上读到：一份新的调查报告显示，在过去十年间，社会不平等的状况在加剧。不过，从财经版面上，他又读到：许多大型零售公司的利润在增长。

至此，如果我们考察一下刚才发生的一切，就可以看出买者是如何在商品交换中表达自己意志的。

我们还可以看到，买者意识到他自身的条件有限（如他往昂贵商店的橱窗里看时），也正是他自己对情况的理性考

量，即要对只花这么多钱买一件外套的购买行为负责。

　　真要是他已经决定花超出他实际所有的钱（或许利用信用卡）来买这件外套，也不会有卖家告诉他应该再慎重思考一下。买者俨然就是他自己世界的主宰（无论是变得更好还是更坏）。

> 　　从交换行为本身出发，个人，每一个人，都自身反映为排他的并占支配地位的（具有决定作用的）交换主体。因而这就确立了个人的完全自由：自愿的交易；任何一方都不使用暴力；把自己……当作使自己成为自我目的、使自己占支配地位和主宰地位的手段。
>
> ——马克思，《1857—1858年经济学手稿》

　　总之，买者拿100美元交换一件外套，它在冬天会极其

有用的。在此，买者会觉得他得到了"用货币换来的价值"？
这是一个很有意思的表达。这意味着什么？这表明：在我们
为一件想要的商品而交换出一定数量的货币的同时，我们换
回了体现在商品中的等量的价值。

　　价格是对象化在商品内的劳动的货币名称。因此，
说商品同被称为它的价格的那个货币量等价，不过是同
义反复。

　　　　　　　　　　　　　　　　——马克思，《资本论》

　　在此，真是有点奇怪。买者似乎是用一件等价物交换了

另一件等价物。准确地说，如同马克思所指出的，这是一种同义反复的行为。买者拿出 100 美元交换了包含有 100 美元的人类劳动于其中的外套。但如果这就是市场运作的方式，那么买者为何会路过他并不想进去购物的商店，会路过他想进去购物但又无力购买的商店，为何会在街上遇到乞丐，又为何会读到有关社会不平等状况加剧而大型零售公司利润上升的新闻？

等价物的交换似乎并不能解答现实中方方面面的问题。不过，马克思却非常坚定地认为，等价物的交换确实是经常发生的。

> 假如互相交换的是交换价值相等的商品，或交换价值相等的商品和货币，就是说，是等价物，那么很明显，任何人从流通中取出的价值，都不会大于他投入流通的价值。

——马克思，《资本论》

可是，我们能否用这样一个事实即并非总是等价物在进行交换，来解释我们小范围场景内出现的那些情况？

毕竟，现实中确实存在许多非等价交换的情形。

譬如，在需求远远大于供给的地方，价格上涨，超过包含在商品中的价值。

或者，在市场被少数几家大公司垄断的地方，竞争的缺失也可能把价格推高到超过包含在商品中的价值的水平。

或者，由于商品贴上了某个品牌标签，人们就有可能被诱导支付超出其"实际"所值的货币来购买它。

所有这些情形是真实发生的，但它们并不能解释我们在现实场景中所关注到的财富差距现象。实际上，我们不可能认为，乞丐之所以为乞丐，是因为他（或她）做出了一系列极其糟糕的购买决定，多付了钱款。

我们也不可能认为，这就是报纸报道的社会总体不平等加剧的原因。

当然，我们不可能认为，零售店里的百万富翁之所以是百万富翁，就是因为他（或她）只在竞争激烈的市场上进行采购，在这种市场上总能做到"物有所值"（good value for money）。依这种方式运行的社会会使品牌导向的购买行为（在其通货膨胀的价格水平上）变得不可思议，乃至于不可能。

况且，我们知道，供给通常会大于需求，因此我们看到公司会多次参与到削价竞争当中。我们还获知，在许多市场中，商品并不依赖品牌来抬高价格。

至此，我们在交换行为中所看到的并不能解释隐藏在市场表象之下的不平等和社会分层现象。尤为关键的是，它不能解释价值是如何产生的，它也不能解释，一些人如何可能持续不断地占有更多的价值——剩余的价值，即超过了他们投入市场的价值。

假定买者花 110 美元买了一件价值 100 美元的外套。在这种情况下，卖者从买者的口袋里比以往多"诱获"了 10 美元。这就意味着，买者少拥有 10 美元用于在其他商品上的花销。这不仅是买者的一种损失，对另一个卖者也是一种损失。就卖高价而言，正如马克思所说的：

> 流通中的价值没有增大一个原子，只是它在 A 和 B 之间的分配改变了。……显然，流通中的价值总量不管其分配情况怎样变化都不会增大。
>
> ——马克思，《资本论》

当然，买者不可能就只是一个买者。在市场社会里，买者和卖者是所有人在不同的时候都可能占据的身份。买者也许又是一个卖者，他拿只值 90 美元的商品设法换回了 100 美元。在这种作为卖者的情形下，他从另一位买者的口袋里比他本人投入市场的价值多"诱获"了 10 美元。这再一次意味着，这第二位买者少拥有 10 美元用于其他方面的花销。如果第二位买者继续这么做（多付钱款），那么，这个人最终会沦为一个流落街头的乞丐。不过，这种购买行为是不可思议的。我们已经看到，无论是作为买者还是卖者，我们都被鼓励要理性行事。我们或许会犯稀奇古怪的错误，但故意让渡出多于可以换回的价值，就不仅不符合我们的利益，也

不符合市场解释市场行为的方式。

> 无论怎样颠来倒去，结果都是一样。如果是等价物
> 交换，不产生剩余价值；如果是非等价物交换，也不产
> 生剩余价值。流通或商品交换不创造价值。
>
> ——马克思，《资本论》

由此，我们就面临一个令人费解的难题。市场机制无法
解释最核心的实体——价值——的来源或生产，而市场机制
的存在就是用来进行价值交换的。

市场范畴解释力的有限性也影响到政治学、经济学及文
化领域，它们都把自身建立在表达市场范畴的基础之上，而
这些市场范畴从不质疑马克思所谓的资本主义或资产阶级社
会的表象或"现象"形式。

> 在现存的资产阶级社会的总体上，商品表现为价格
> 以及商品的流通等等，只是表面的过程，而在这一过程
> 的背后，在深处，进行的完全是不同的另一些过程，在
> 这些过程中个人之间这种表面上的平等和自由就消
> 失了。
>
> ——马克思，《1857—1858 年经济学手稿》

从我们目前所看到的来看，很显然，马克思的《资本
论》不仅仅是一部经济学著作，其内涵也不仅仅影响到经济

学这一门学科。在资本主义制度下，整个人类文化和意识都强有力地受到了"市场思维方式"的影响。市场范畴有限的解释力同市场在我们生活中方方面面的广泛表现相对应，它有可能助长种种和现实不相符的思维方式。在现实的"深处"，发生的是一些完全不同于表面的事情。

比如说，回到事情的经济方面，供需、买卖、价格与货币等等市场范畴都无法解释经济危机。

> 有一种最愚蠢不过的教条：商品流通必然造成买和卖的平衡，因为每一次卖同时就是买，反过来也是一样。
>
> ——马克思，《资本论》

至此，我们尚无条件知道，为何买卖行为不总是顺利的？不过，马克思指出，正是买卖这两大范畴同时蕴含着联系和分裂。

> 当内部不独立（因为互相补充）的过程的外部独立化达到一定程度时，统一就要强制地通过危机显示出来。
>
> ——马克思，《资本论》

我们已经看到，这种市场经济也蕴含着一种与他人相联系的特定方式，即一定的社会形态。到这个阶段，我们可以揭示出一种极其怪异的涉及这个社会中人们之间相互关系的悖论。

> 使他们连在一起并发生关系的惟一力量，是他们的利己心，是他们的特殊利益，是他们的私人利益。正因为人人只顾自己，谁也不管别人，所以大家都是在事物的前定和谐下，或者说，在全能的神的保佑下，完成着互惠互利、共同有益、全体有利的事业。
>
> ——马克思，《资本论》

如同市场范畴预设了一种趋向均衡的趋势，市场社会也认定：社会统一与和谐可以建立在追逐自身利益的基础之上。难怪马克思不无讽刺地看待这种观点。

不过，还是让我们回到那个基本的经济矛盾：市场范畴无法解释市场旨在进行交换的核心实体——价值——的来源。

为解开这个谜团，

> 让我们同货币占有者和劳动力占有者一道，离开这个嘈杂的、表面的、有目共睹的领域，跟随他们两人进入门上挂着"非公莫入"牌子的隐蔽的生产场所吧！在那里，不仅可以看到资本是怎样进行生产的，而且还可以看到资本本身是怎样被生产出来的。赚钱的秘密最后一定会暴露出来。
>
> ——马克思，《资本论》

第三章　劳动力的流通和购买

但先别着急。在我们进入隐蔽的生产场所之前，我们必须再仔细地考察一下流通领域——价值借以进行流通的一系列交换行为。

我们会看到，流通领域与生产领域是相互关联的。而且我们会看到，有两种迥然不同的流通活动在同时进行着，它们也是相互联系的，但它们代表着各自不同的社会利益。我们必须把我们在此对流通所得的了解带到"隐蔽的生产场所"，因为资本如何流通对生产过程有很大的影响。但我们必须将流通领域和交换领域如何以其表象的形式向我们呈现与该领域的实际状况加以区分。

买者是如何获取货币来购买外套的？买者为购买外套而出售了什么？答案显然是：他们在市场上出卖了自己的劳动力；换句话说，买者通过工作获取货币。在资本主义社会，这是大多数人为生存而不得不进行的交易。通过交换劳动力，买者获得了货币；然后，用货币买来外套。这个交换循环看起来是：

C—M—C

C＝商品（劳动力）

M＝货币

C＝另一件商品（譬如外套）

> 循环中，始极是一种商品，终极是另一种商品，后者退出流通，转入消费。因此，这一循环的最终目的是消费，是满足需要，总之，是使用价值。
>
> ——马克思，《资本论》

这一交换循环有许多重要的特征：

其一，它始于一种商品，又终于一种完全不同的商品；

其二，从原则上讲，没有任何内在的理由来解释第一件商品与第二件商品（虽然在性质上不同）为何不是等价的；

其三，第二种商品从流通领域中退出而被消费掉；

其四，人类需求的满足是这一交换循环的终极目的。

我们大多数人在日常生活中都会参与交换循环，它完全不同于以资本为特征的交换循环。这一交换循环看起来是：

M－C－M＋

M＝货币

C＝商品

M＋＝货币（增殖）

相反，M－C－M＋循环是从货币一极出发，最后又返回同一极。因此，这一循环的动机和决定目的是交换价值本身。

这一交换循环有许多不同于C－M－C的重要特征，它是绝大多数人参与其中的循环：

其一，它始于货币，终于货币余额；

其二，货币余额发生在流通领域，而无关人类需求的满足；

其三，这一交换的目的是在起始的原价值额之上增加新的价值；

其四，从表面上看，更多的货币或价值似乎是从货币自身中生成的。

由此，这是一种以一小群社会行为体为特征的交换循环。

可见，原预付价值不仅在流通中保存下来，而且在流通中改变了自己的价值量，加上了一个剩余价值，或

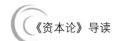

者说增殖了。正是这种运动使价值转化为资本。

——马克思，《资本论》

从货币增殖为有增殖额的货币是使货币成为资本的根本所在。扩张——不是保存，而是增加——的需求是增殖的核心所在。从表面上看，货币生成货币似乎仅仅是通过交换过程来完成的。

剩余价值作为资本价值的周期增加额或处在过程中的资本的周期果实，取得了来源于资本的收入的形式。

——马克思，《资本论》

马克思对比了上述两种交换循环：

简单商品流通——为买而卖——是达到流通以外的最终目的，占有使用价值，满足需要的手段。相反，作为资本的货币的流通本身就是目的，因为只是在这个不断更新的运动中才有价值的增殖。因此，资本的运动是没有限度的。

——马克思，《资本论》

从一般原则上讲，资本是没有限度的，它不受任何形式的限制。从利润增长的角度上讲它没有限度，它同时也没有本质上的道义限制。倘若它确实具有某种限制，那一定是外界（譬如法律）施加在资本身上的制约。资本本身只需确认一件事情，那就是：创造更多资本的需求。极为重要的是，这种交换循环形式要确认两个方面：首先，它依照完全独立于人类欲求、需求或控制的一套逻辑在运作；其次，这种循环——虽然只代表少数人的活动——是占支配地位的，其逻辑充斥和浸透在整个社会经济生活之中。

譬如，经济活动所采取的最重要的一种制度形式是现代公司制。公司依照货币—商品—货币（增殖）的逻辑运作，以一种病态的方式行事。

> 今日之商界领袖们说，他们的公司关注的不仅仅是盈亏，他们感到对整个社会——而不只是他们的股东——负有责任。公司的社会责任是他们新的信条，这是对早期贪欲驱动的公司观的一种自觉矫正。尽管出现了这种观念上的转向，但公司自身的机制并未发生改变。如同在作为现代企业制度创始期的 19 世纪中期所为，今日的公司仍然是旨在稳定自身利益而取消道义关切的法定之人——"法人"。许多人会觉得它的"人格"令人生厌，甚至病态，然而，我们又不可思议地接受了它，把它视为当今最为强势的制度。
>
> ——乔尔·巴肯（Joel Bakan），《公司》
> (*The Corporation*)

我们可以接受资本专断的一大原因也许是，它表面上似

乎在从事类似于我们其他这些人在市场上所从事的事情。两种循环都包含买与卖。两者都有

> 同样的两个物的要素即商品和货币互相对立，都是扮演同样两种经济角色的两个人即买者和卖者互相对立。
>
> ——马克思，《资本论》

但是，在我们口袋里的货币就是货币，是等待被交换以取得我们所需的使用价值；而在流通中作为寻求增殖的资本的货币则截然不同。

> 它始终只是一定量的货币（在这里是资本），所以它在量上的界限是与它的质相矛盾的。因此，它的本性是要经常地越出自己的界限。
>
> ——马克思，《1857—1858 年经济学手稿》

由此，两个循环反映了我们在商品自身中看到的张力——使用价值与交换价值之间的张力。在英国，每年冬天有两万多名养老金领取者死于严寒带来的各种疾病。其中许多的死亡是因为这些养老金领取者的房间里没法取暖。这并不是说，存在某种技术问题阻碍了这些退休者的房子无法充分取暖，而无非是因为他们支付不起房间充分采暖的费用。换句话说，作为商品，燃气和电的交换价值要比其使用价值

（在严冬期间维持人们温暖）更重要。结果是，英国每年冬天因严寒死亡的老人数量，相当于大约 50 架载满老人的大型喷气式客机坠毁，机上无一人幸免。

　　然而，市场经济的一大特征是，它所导致的伤害往往是以一种非同时的、分散的方式发生的。因此，不同于大型喷气式客机从高空坠落或大规模暴力袭击，市场经济所带来的伤害是很难想象的，更别说以一种足以影响变化的醒目方式展示出来。

　　资本渴求超越一切限制、一切界限的问题把我们引领到资本主义内部最重要的矛盾冲突之中。对资本主义来说，理想的世界应该是一个没有限制的世界。但依定义，事物总是具有某种物理结构，就像使用价值那样。由此，物理事物总要受到一定限制。但假如整个经济活动力图超越如人类或自然资源等限制，那么，在两个准则——一方面是有限性，另一方面是无限性——之间就可能爆发冲突。譬如，它引发了2010 年墨西哥湾"深水地平线"钻井平台漏油爆炸的大灾难。

让我们来考察一下上述两种交换循环是如何相互联系的。大多数人参与其中的是简单交换循环即商品—货币—商品。他们命中注定要直接被整合到另一种交换循环即货币—商品—货币（增殖）之中。

先来考察一下商品—货币—商品这一循环中的商品—货币。我们已经意指为换回货币而卖出的商品是劳动能力。这个劳动力进而有能力购买第二种商品而消费其使用价值（比方说，冬天的外套）。

再来考察资本循环。看看货币—商品之间的交换。富翁先生（钱袋先生，Mr. Moneybag）购买的商品是什么呢？当然是在简单交换循环中出售的东西——劳动能力。劳动成为一种被购买的商品。从资本家的角度看，当他（或她）"消费"这种商品时，神奇的事情就发生了——它导致了货币的增殖额。

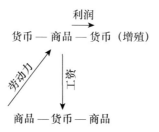

要从商品的消费中取得价值，我们的货币占有者就必须幸运地在流通领域内即在市场上发现这样一种商品，它的使用价值本身具有成为价值源泉的独特属性，因此，它的实际消费本身就是劳动的对象化，从而是价

值的创造。货币占有者在市场上找到了这样一种独特的商品，这就是劳动能力或劳动力。

——马克思，《资本论》

我们已经知道，马克思认为，人类劳动连同自然提供的原料是一切社会财富的源泉。因此，有充足的理由认为，作为资本主义制度下财富所采取的形式，利润必然是从劳动能力中获得的。

这是否是个天大的秘密？确实，在内心深处，我们知道，这就是真的。不过，劳动是资本主义社会里一切社会财富和利润的源泉，这一事实并没有得到任何公共的和制度上的表达或确认。为什么呢？

显然，从一个层面上说，这是因为：如此明目张胆地表明以牺牲人类劳动力为代价，并不符合劳动力购买者的利益。当然，对此也可进行反驳。不过，劳动力购买者即货币占有者可以主动提出来谈吗？货币占有者一开始就持有货币，正如我们所看到的，货币确实创造了更多的货币。货币占有者同时不持有一种观念、一种愿冒风险的意愿和一种做事的方式吗？

然而，假如资本主义并不必然要以某种方式隐瞒不平等状况，对事情如此运作的这种或那种辩护就不会那么强有力和那么有说服力了？对我们当下的生产方式而言，这个隐瞒过程是极其独特的。

譬如，在封建社会，最为常见的是，农民花一部分劳动时间在自己租的小片土地上，而花费另一部分劳动时间在地主的土地上。

农民在自家土地上劳动时，他们从事的是支撑自身及其家庭成员生存所必需的劳动。这就是马克思所谓的"必要劳动"（necessary labor）。当农民为地主劳动时，他们从事的是"剩余劳动"（surplus labor）——也就是，他们在创造超出自己作为直接生产者生存所必需的财富，这个财富余额转移给了地主。

在此，剥削是非常明显的，因为农民为自己所从事的劳动与他们为地主所从事的劳动在时空上是分离的。如同我们将看到的，这种明显的区分在资本主义制度下完全消失了。

至此，一个简单的事实是：如果人类劳动不生产"剩余额"，也就是说，要是它不生产出多于劳动者纯粹生存所必需的财富，那么，就不会有人类文明之类的事物了。人类劳动就会更近似于动物劳动——完全受本能强制力的支配，只是为当下的纯粹生存所需而生产和消费。人类劳动漫长而艰难地经历数千年，逐渐提高了生产能力。

> 没有一定程度的劳动生产率，工人就没有这种可供支配的时间，而没有这种剩余时间，就不可能有剩余劳动，从而不可能有资本家，而且也不可能有奴隶主，不

可能有封建贵族，一句话，不可能有大占有者阶级。

——马克思，《资本论》

马克思当然懂得这个具有讽刺意味的事情。人类劳动的创造力不仅解放了人类，也降祸于人类，它同时开启了进步与阶级分裂和剥削。从某个层面上说，阶级剥削确实根源于人类劳动的本性——创造剩余的能力。正如马克思所写的：

> 没有绝对的自然障碍会妨碍一个人把维持自身生存所必要的劳动从自身解脱下来并转嫁给别人，比如，同样没有绝对的自然障碍会妨碍一个人去把别人的肉当作食物。

——马克思，《资本论》

剥削因人类劳动的本性而成为可能，但它并不会使剥削变得最为理想、合意或不可避免，同样，自相残杀的可能性也绝不会使其实际的行为成就所有可能的世界中最好的一个世界。不过，资本主义制度的确给我们留下了这样一种感觉：它是自然而然的、不可抗拒而富有魅力的。掩盖其剥削的本性是其核心所在。

我们看到，交换行为似乎是个人意志自由表达的一种行为，它以不存在某种强制力为特征，而这种强制力却可以由封建贵族施加到桀骜不驯的农民身上。自由、平等的财产分

配似乎在调控着劳动力的买卖。马克思不无讥讽地把这种交易行为表述为"确实是天赋人权的真正伊甸园",它由自由、平等和所有权所维护着。

> 自由!因为商品例如劳动力的买者和卖者,只取决于自己的自由意志。他们是作为自由的、在法律上平等的人缔结契约的。契约是他们的意志借以得到共同的法律表现的最后结果。平等!因为他们彼此只是作为商品占有者发生关系,用等价物交换等价物。所有权!因为每一个人都只支配自己的东西。

> ——马克思,《资本论》

由此，劳动力的购买者和出卖者在市场上相遇，他们在法律面前是平等的。但为何有人要到市场上去出卖自己的劳动力呢？

> 一个人要出卖与他的劳动力不同的商品，他自然必须占有生产资料，如原料、劳动工具等等。没有皮革，他就不能做皮靴。
>
> ——马克思，《资本论》

假如你不占有制作皮靴或其他东西的生产资料，并将其拿到市场上卖，假如你没有能生产出确保你生存的商品的资料，如食物、衣服、住所等等，那么，你旋即会陷入无事可做的境地。

> 货币占有者要把货币转化为资本，就必须在商品市场上找到自由的工人。这里所说的自由，具有双重意义：一方面，工人是自由人，能够把自己的劳动力当作自己的商品来支配，另一方面，他没有别的商品可以出卖，自由得一无所有，没有任何实现自己的劳动力所必需的东西。
>
> ——马克思，《资本论》

总之，货币占有者必须在市场上遇到自由地工作或饥饿的他人。在此，我们开始看到：资本主义所特有的一整套阶

级关系出现了。

> 自然界不是一方面造成货币占有者或商品占有者，
> 而另一方面造成只是自己劳动力的占有者。这种关系既
> 不是自然史上的关系，也不是一切历史时期所共有的社
> 会关系。它本身显然是已往历史发展的结果，是许多次
> 经济变革的产物，是一系列陈旧的社会生产形态灭亡的
> 产物。
>
> ——马克思，《资本论》

马克思懂得如何宏大叙事，他的叙事弧涵盖了数千年——即便其主要的焦点聚集在近期兴起的资本主义制度。在造就出自由的劳动力出卖者的漫长历程中，那些陈旧的社会生产形态也大多已消逝，其中包括农民小块私有土地和大片共有土地并存的封建社会、奴隶社会和"原始"公社社会。所有这些社会生产形态通常都存在小型、局部的市场交换或不同部族之间的交易协议。但为市场交换而生产的商品却是由占有自己的生产资料的人所制作出来的，它们或是个人的，或是公共财产的一部分。资本主义的市场则完全不同。

> 只有当生产资料和生活资料的占有者在市场上找到
> 出卖自己劳动力的自由工人的时候，资本才产生；而单
> 是这一历史条件就包含着一部世界史。因此，资本一出

现，就标志着社会生产过程的一个新时代。

——马克思，《资本论》

于是，我们的剧中人逐渐发生了改变，从购买者和出卖者变成了资本家和工人。资本家占有生产资料。工人不占有生产资料，而为了生存，他们只得把自己的劳动力出卖给生产资料的占有者。新时代是以大规模依附于这些市场关系为特征的。今天，为自己工作或是自己创业对许多人来说具有超强的诱惑力——即便要冒不得不与垄断资本（Big Capital）斗争的风险和身处不利的地位，就此而言，这些市场关系剥夺人的力量的本性是显而易见的。

自雇者（个体自由职业者）是我们这个时代的文化英雄。人们以一种执守的方式仍然倾向于独立于市场的种种做法——这些做法譬如在封建时代就很典型。

分布在世界各地的各种社区菜园或配给个人经营的小块园地使人们能够自己种植蔬菜，从而在某种程度上获得了摆脱市场的经济独立性；而更为重要的或许是，在独立于劳动力市场的工作中，人们赢得了很大的心理满足感。

在英国，小块园地最初是作为对 16 世纪大规模的圈地运动（把公地圈进私人手中）的一种小型补偿出现的。今天，在英国仍然存在大约 30 万块小园地，它们每年产出21.5 万吨左右的新鲜农产品。这种以往历史的余留也可以被看作是对另一种文化的预期。

现在让我们进一步来考察这个独特的商品——劳动力。这种商品的价值是由什么决定的呢?

> 同任何其他商品的价值一样,劳动力的价值也是由生产从而再生产这种独特物品所必要的劳动时间决定的。
>
> ——马克思,《资本论》

劳动力当然是活着的个体的一部分。生产和再生产活着的个人所必要的劳动时间反映在工资上,工资应能维持劳动者个人所必要的生活资料。

> 劳动力所有者今天进行了劳动,他必须明天也能够在同样的精力和健康条件下重复同样的过程。因此,生活资料的总和应当足以使劳动者个人能够在正常生活状况下维持自己。
>
> ——马克思,《资本论》

马克思意识到,作为维持再生产劳动力的可接受水平,其量到底有多大会因具体的历史、经济和政治环境而不同。

> 因此，和其他商品不同，劳动力的价值规定包含着
> 一个历史的和道德的要素。

> ——马克思，《资本论》

这个"道德"要素开启了围绕何者构成"正当"或"正义"的生活水平而展开的整个斗争。就必要的生活资料而言，马克思并不是指一种超时间的、永恒的"维持生存"感。马克思在此所提出的"历史"要素表明：那些在一个时期构成了可接受水平的必要生活资料量会在另一时期引发暴乱。

马克思还意识到，人类劳动力应当接受各种不同产业和经济行业中各个工作岗位的培训。他指出，这种特殊的教育或训练应当被计入劳动力生产的成本，从而生产出有差别的劳动者。

> 比社会的平均劳动较高级、较复杂的劳动，是这样
> 一种劳动力的表现，这种劳动力比普通劳动力需要较高
> 的教育费用，它的生产要花费较多的劳动时间，因此它
> 具有较高的价值。

> ——马克思，《资本论》

最后，工资不仅应当支撑工人本人，还要能支撑工人

的家属，从而使工人的后代持续地进入市场，出卖其劳动力。

> 因损耗和死亡而退出市场的劳动力，至少要不断由同样数目的新劳动力来补充。因此，生产劳动力所必要的生活资料的总和，包括工人的补充者即工人子女的生活资料，只有这样，这种独特的商品占有者的种族才能在商品市场上永远延续下去。
>
> ——马克思，《资本论》

可见，工资是由劳动力成本构成的。这种成本反映了一定社会中由历史和道德决定的生活资料水平。由此，工资反映的是劳动者为再生产自身所必需付出的必要劳动，这就好比封建农奴为再生产其生活资料而不得不花费一段由历史和道德所决定的时间，用于在自己的土地上劳动。

但不同于封建农奴明显地要花费一个时段专为封建领主劳动，在现代资本主义制度下，工人就是从事手头的工作。他们为维持自身生存而必须付出的劳动时间（必要劳动时间），直接转入他们效力于资本家而付出的劳动，这些资本家已经购买了他们的劳动力。正如我们在资本循环即货币—商品—货币（增殖）中所看到的，这个剩余劳动时间正是货币或利润积累的基础。

由此，一个工作日就可以划分成：

必要劳动（比方说，5 小时）＋剩余劳动（比方说，5 小时）

必要劳动时间＝生产足够多的、以再生产工人（及其家庭）的工资为形式的社会财富所必要的时间。

剩余劳动时间＝工人无偿劳动、生产被资本家占有的社会财富的时间。

但既然在每个工作日没有人敲钟来提醒工人进入下一阶段——剩余劳动时间，工人的时间及其生产的财富被人偷走绝非显然。

实际上，在商品市场上同货币占有者直接对立的不是劳动，而是工人。

——马克思，《资本论》

嗨，你正在为老板免费工作

这种区分是很关键的。劳动力成本是再生产劳动能力寓

于其中的活的个人的成本。但是，劳动力自身会生产出超过它被购买时而支付的更多的价值。这就是剩余劳动时间和剩余价值。

> 劳动力的价值和劳动力在劳动过程中的价值增殖，是两个不同的量。资本家购买劳动力时，正是看中了这个价值差额。
>
> ——马克思，《资本论》

让我们举个简单的例子来考察一下价值生产过程与有酬和无酬的劳动是怎样融合在一起的。

还记得之前例子中的外套买者吧。他在一家咖啡馆工作。我们去看——是有意的——他工作中的一个时间片段，并打断他。我们这位曾经的买者现在可是个工人，他正在为一位顾客制作鳄梨三明治。

鳄梨三明治的价值?

鳄梨三明治由以下原料构成：面包、豆芽、生菜叶、番茄、胡椒、手工做的纸袋，还有汽水。我们假定这些原料值80美分。

制作一份鳄梨三明治，通常需要花费我们的工人两分钟时间。我们假定，这是制作这样一份三明治所必需的平均必要劳动时间或社会必要劳动时间。

> 劳动力在它被使用的专业中，必须具有在该专业占

统治地位的平均的熟练程度、技巧和速度。

——马克思，《资本论》

如果我们的工人不拥有平均的技能、灵巧度和敏捷度（流行于这个相对简单的食品制作行业中），那么雇用他的资本主义企业在与同行的竞争中就会失利。如果制作一份鳄梨三明治，我们的工人平均要花费三分钟，而鳄梨三明治制作的社会平均时间是两分钟，那么，相对于这位特殊工人拖沓的必要劳动时间，雇主就会丧失一分钟的剩余劳动时间。可见，资本家必须

　　　使所用劳动时间成为生产商品的必要劳动时间，使它不超过生产商品的平均社会必要劳动时间。

——马克思，《资本论》

（作者注：《资本论》第二卷和第三卷出版于 1883 年马克思逝世之后，当初，它们尚未完成，撰写中止于关于社会阶级这一章的开篇之处。马克思原计划撰写六卷，这可是一项需要他活上一百余岁方可完成的事业。）

因此，我们假定：我们这位工人恰好居于社会平均水平，他花费两分钟制作一份鳄梨三明治。请留意：这里的社会平均劳动时间一是指工人为再生产自身作为第二天的劳动力而必须花费的社会平均劳动时长，二是指工人为生产一定的商品或商品组成部分而必须花费的社会平均劳动时长。

于是：

> 原料＝80 美分
>
> 劳动力成本＝20 美分
>
> 鳄梨三明治的总成本＝1 美元
>
> 售价是 2 美元
>
> 总利润是 1 美元，或利润率是 100％。

这就是资本家看待事情的方式。利润是销售价格与生产成本之差。但如同我们所看到的，这最终也并不能解释价值的来源。

下面我们以马克思的视角再来考察这个过程。我们将看到，生产成本实际上并不是 1 美元，而是：

> 原料 80 美分＋工资 20 美分＋剩余价值（＝100 美分）

在此，社会平均必要劳动时间创造了 1.20 美元的价值（20 美分工资＋100 美分/1 美元 剩余价值），这个价值添加到制作三明治所必需的 80 美分原料之上。但工人只得到 20 美分的报酬。换句话说，在这位工人为制作鳄梨三明治所花费的 120 秒中，他为获取工资而付出的劳动时间只有 20 秒，而无酬劳动时间则达到 100 秒。在资本主义制度下，工人与资本家之间不可能有公平交易。

这种等价物的交换是存在的，不过，它仅仅是这样一种生产的表层而已，这种生产建立在**不通过交换**却又在**交换的假象**下占有他人劳动的基础上。

——马克思，《1857—1858 年经济学手稿》

20 秒对应于必要劳动时间（在此，这种必要性并不是针对花费了 120 秒的商品使用价值的生产，而是针对工人再生产自身所必需的价值的生产）。100 秒对应于剩余劳动时间［剩余不是就生产有用物所花费的时长（120 秒）而言的，而是就剩余劳动、无酬劳动或流入雇主口袋里的剩余财富而言的］。

时间就是金钱

通过假定 2 美元的售价等价于被生产出来的价值，我们得到 100 美分/1 美元的剩余价值即增殖额。换而言之，我们假定工人依社会平均劳动时间在从事劳动，同时假定资本家依其价值而按非通胀价格卖出了商品。

值得注意的是，在资本主义的计算过程中，任何东西是如何被赋予一个刨除剩余价值的量值的。原料的成本（80美分），劳动的成本（20美分），在资本家看来的总成本价格（100美分），售价（200美分），所有这些都被赋予一个数值。剩余价值（100美分）只是在后来被作为利润来计算，到那时，其来源完全被掩盖了，而被解释成资本家以为的生产成本与售价之差。

鳄梨三明治的价值实际上超出了资本家以为的成本价格。

> 商品包含的价值，等于制造商品所耗费的劳动时间，这个劳动的总和则由有酬劳动和无酬劳动构成。而对资本家来说，商品成本只由他所支付的对象化在商品中的那部分劳动构成。商品包含的剩余劳动不需要资本家耗费什么东西，虽然它同有酬劳动一样，需要工人付出劳动，并且它同有酬劳动一样创造价值，作为价值形成要素加入商品。资本家的利润是这样来的：他可以出售他没有支付分文的某种东西。剩余价值或利润，恰恰就是商品价值超过商品成本价格的余额，或者说，就是商品包含的劳动总量超过它包含的有酬劳动量的余额。
>
> ——马克思，《资本论》

鳄梨三明治的价值是同制作它所花费的所有劳动时间（80 美分的原料，20 美分的工资，100 美分的剩余价值）相等同的——尽管它只花费了资本家 1 美元（80 美分＋20 美分）。在商品以其价值水平（2 美元）卖出后，这另外 1 美元的社会财富被资本家免费装入口袋，给资本家带来了超出成本价格（对资本家而言）的 100％的利润即 1 美元。但对工人来说，成本价格演变成为一种业已发生的抢劫行为。

于是，工资的形式消灭了工作日分为必要劳动和剩余劳动、分为有酬劳动和无酬劳动的一切痕迹。全部劳动都表现为有酬劳动。

——马克思,《资本论》

第四章　价　值

　　我们已经看到，马克思把工作日、周或年分为必要劳动时间和剩余劳动时间。必要劳动时间是指生产等价于工人生活必需品的价值所必要的时间，这些生活必需品是工人习惯于接受或愿意接受的生活舒适度所必需的。这反映在工资上。

　　如果工人平均一天生活资料的生产需要 6 小时，那么工人平均每天就要劳动 6 小时来逐日生产他的劳动力，或者说，再生产出他出卖劳动力得到的价值。

　　　　　　　　　　　　　　　　　　　——马克思，《资本论》

马克思称剩余劳动时间为超过必要劳动时间（反映在工资上）的劳动时长，在此阶段，工人不再为自己创造价值。

这段时间形成剩余价值，剩余价值以从无生有的全部魅力引诱着资本家。

——马克思，《资本论》

必要劳动时间
（比如6小时）

价值（工资）

剩余劳动时间
（比如4小时）

剩余价值
（无酬劳动）

这意味着：为扩大剩余劳动时间的价值，有必要持续不断地对工人施加压力。

如果我们现在把价值形成过程和价值增殖过程比较一下，就会知道，价值增殖过程不外是超过一定点而延长了的价值形成过程。如果价值形成过程只持续到这样一点，即资本所支付的劳动力价值恰好为新的等价物所补偿，那就是单纯的价值形成过程。如果价值形成过程超过这一点而持续下去，那就成为价值增殖过程。

——马克思，《资本论》

这就有点不同寻常了。如果资本只是从劳动力那里换回它以工资的形式支付给劳动力的那个东西，那么，它就不可能长久地成为资本。作为一种制度的资本要求扩张，它要求有剩余价值，而剩余价值则要求有剩余劳动时间。

另一种看待事情的方式是提出问题来。马克思所批判的社会问题是否就是这样一个事实：剩余价值由资本所占有？或问题要更为复杂深刻？这个问题关乎价值生产自身吗？

如果你认为问题就在于剩余价值被私人资本攫取，那么你更有可能会认为，某种代表了社会整体的制度形态——国家——可以掌控剩余价值，更公平地分配剩余价值。

实际上，问题的症结在于，马克思的理论方案是如何被解释的。在许多国家，重要资源上的国有制事实上已经确保更平等地分享社会财富。但对马克思的一种更为激进的解释则断言，只要我们参与到价值生产中，就总会存在那些占有生产资料的人实施的阶级控制——无论采用的是私有产权形式还是国家控制形式。这是一种非常激进的解释，它同时开启了一项非常激进的方案——终结对价值的生产，而不仅仅是更为公平地分配价值。

为领会这一点，我们还得追问：何为价值？在马克思的所有著述中，它是最难理解的一个术语——比与之紧密关联且要熟悉得多的"资本"还要难得多。毕竟，人们对"资本家"和"资本主义"这些词非常熟悉，而我们往往不会说"价值家"（valuist）和"价值主义"（valuism）之类的词。

为了深入理解"价值"这个概念，我们不得不趋向"形而上学"。也就是说，我们得思考超越面向感官之物理世界的事物。为何要这样？因为从某种意义上说，这恰恰是资本主义所做的。

譬如，资本对它购买的使用价值的态度是什么样的？首先，我们来考察一下劳动力的使用价值。资本家对这种或那种劳动行为的特殊性并不感兴趣。在劳动力的购买中：

> 具有决定意义的，是这个商品独特的使用价值，即它是价值的源泉。
>
> ——马克思，《资本论》

由此可见，资本同某一工种的物理属性之间的关联纯粹是功利性的。它就在于创造价值，如果种植花生比种植咖啡更能创造价值，那么它就会这么做。当然，如果你是一位不会随全球市场价格的上下波动调整种植品种的农民，那么你随时都有被饿死的可能。

劳动力生产出的商品会是怎样的呢？我们或许会问，资本对待这些使用价值的态度如何？当然，不会有太大的差异。

> 所以要生产使用价值，是因为而且只是因为使用价

值是交换价值的物质基质，是交换价值的承担者。

——马克思，《资本论》

古希腊哲学家柏拉图把物理的现实世界看作是形而上学的理念或形式世界的非始源的、趋于庸俗化的体现。因此，一把椅子只是椅子的纯形式的反映。这是哲学家确立起来的一种超乎寻常而又不怀恶意的看法。不幸的是，资本从同样的思路来看待使用价值，并且认为它百无一利，在经济学家头脑里并不存在。对资本来说，使用价值只是其理想形式的物质载体。这种理想形式会落实为一种现实的经济制度——价值生产。不同于柏拉图的"形式"，作为社会形式的价值会影响到椅子如何生产、在何处生产、为何要生产和在何时生产。

商品最终都要为个体所消费，它们被生产出来，首要的目的在于扩大价值而不是生产使用价值，它们通常会对个人产生消极的、破坏性的后果。在此，使用价值与交换价值之间的紧张关系反映了劳动的使用价值与其为资本创造价值的潜力之间的紧张。

正如商品本身是使用价值和价值的统一一样，商品生产过程必定是劳动过程和价值形成过程的统一。

——马克思，《资本论》

由此，我们领会到：在资本主义制度下，劳动力转化成

柏拉图

商品意味着，劳动过程总是劳动的一种具体行为，同时也是
一种抽象的行为。就其是特殊的劳动形式而言——无论是制
作啤酒还是制作气球，它都是具体的。但就所有的资本所关
切的都是从人类劳动中尽可能多地抽取价值而言，它又是抽
象的。

这就意味着，价值同使用价值之间有着强烈的关联。价值不可能在缺乏使用价值的情况下存在，因为两者都蕴含在特定的有形实物当中。与此同时，无论价值有多重要，它总该拥有某种有用之物把自身包含在其中；不过，到底由何种事物来承担这一职能，则完全是无关紧要的。

价值像个幽灵。假如它想在世界上获得某种中介性的载体，它就必须寓居于并占有人和物。但它又行踪不定，因为它根本就不在乎它占有的是何人或是何物。

"价值"这个术语基本上等值于资本，但它又是最高抽象层面上的资本——如同我们在后面将看到的，即使资本采取了各种不同的形态。价值蕴含在建筑、机器设备、原料、被购买的劳动力和制成品里。

从某种意义上说，价值是指财富创造通过这些不同的资本体现物的流动。在这种流动中，绝对核心的要素是时间。在不同的资本体现物之间的价值流动越慢，这一资本相对于其他资本的竞争力就越弱，它所赚取的钱就越少。在这些不同的资本体现物之间的价值流动越快，这一资本相对于其他资本的竞争力就越强，它所赚取的钱就越多。

如今，许多人包括马克思主义者都被价值这个概念弄得一塌糊涂。他们错误地认为，时间和价值是同一个东西。这种混淆的最终结果是：如同我们无法逃脱我们活在时间内这一事实，我们也无法逃脱资本主义。对此，马克思说：

> 在一切社会状态下，人们对生产生活资料所耗费的劳动时间必然是关心的，虽然在不同的发展阶段上关心的程度不同。
>
> ——马克思，《资本论》

无论在哪个发展阶段，劳动时间都必然是人类关注的对象。但这个"关注对象"并不意味着作为一种社会关系的价值始终和我们在一起。"价值"是指一种由社会组织起来的、资本主义所特有的时间关系，其最核心的特征是加速事物发

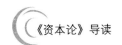

展进程的驱动力。

"泰坦尼克号"（Titanic，巨轮）及其悲剧性的命运已经成为人类面对大自然的威力所表现出来的弱点和傲慢的一种灾难隐喻。不甚为人所知的是，"白色之星"轮船公司（White Star Line）建造"泰坦尼克号"，部分原因是要拼命竞争以打破汽船横渡北大西洋的纪录。这个纪录被北德意志劳埃德运输公司（North German Lloyd Line）和英国卡纳德海运公司（British Cunard Line）两家公司来回地创造。灾难发生后，乔治·伯纳德·肖（George Bernard Shaw）和约瑟夫·康拉德（Joseph Conrad）无不愤怒地述及了船长驾船开足马力全速撞入浮冰区域的愚蠢。对"泰坦尼克号"沉没的探究认定：盲目赶超不切实际的规划所带来的压力是灾难发生的根源。对速度记录狂的批判成为流行于大西洋两岸的一种普遍思潮。

在1912年那个毁灭性的夜晚，在那片浮冰区域，正是对速度的专注让我们付出了1 500条生命的代价，而且，它仍然在无休无止地驱迫着我们。如今在我们不断增速的、方方面面的快节奏生活中，它的影子随处可见。

——理查德·斯威夫特（Richard Swift），《新国际主义者》（*New Internationalist*）

　　增速是资本主义生产和文化的核心，因为唯独量上的时间维度是要紧的。时间在质上的维度或在时间中体验某个东西的瞬间，通常被视为"对时间的浪费"。如今围绕反资本主义的文化反叛精神出现在"慢食运动"（Slow Food Movement）中。它致力于重新发现蕴含在食物制作和消费中的品质体验。

　　　　我们这个世纪，在工业文明的标志之下起步和发展，一开始就发明了机器，而后视之为一种生活模式。

　　　　我们被速度所奴役，屈死于同一种隐袭的病毒——快生活，它搅乱了我们的生活习惯，侵蚀着我们的家居隐私，迫使我们吃快餐食品。

　　　　为配得上所受的称谓，"现代人"（Homo Sapiens）在被沦为一个濒绝的物种之前就应当摆脱增速的魔咒。

　　　　对宁静的物质享受的坚定捍卫，是反对快生活这种愚蠢的普世之举的唯一途径。

有保障的感官休闲和舒缓、持久的享受，这些方面的适度投入应该可以保护我们，免遭那些误把狂乱当作高效率的人群的传染。

我们的捍卫应当从餐桌旁的慢食行为开始。

让我们重新发现烹调的地方风味和特色，消除快餐食品败坏品味的效果。

——《1989 国际慢食宣言》(*Slow Food International Manifesto* 1989)

速度文化当然有助于人们应对工作场合中的速度专制。但当这种文化被注入生产中时，从生产成为产生效果（速度文化）的原因这一意义上说，生产就变得更为根本了。产生出来的速度文化进而成为导因，驱使我们快速吃饭和工作。因此，我们可以从慢食或任何其他可抵制资本主导逻辑的无数细节开始，在此，马克思提醒我们：我们必须追溯到生产的"隐秘居所"，从而真正理解事情何以如此。在此过程中，我们认为：时间耗费不超过一定社会条件下所必要的时长是极其重要的。社会所必要的时间本身就很关键。

在资本主义制度下，生产所必要的时间在不断缩短。我们正陷于快速往前冲的模式之中。

然而，这种模式发展的最终结果不是我们拥有的空闲时间越来越多，而是：我们所做的越来越多地作为剩余劳动时间出现。

马克思强调，价值是生产某种东西——无论是劳动力还是劳动制作的商品——的社会平均必要时间。

社会平均值之所以重要，是因为它是竞争借以驱动社会向平均时间靠近的机制，这个平均时间是在一定社会条件下制作某种东西所耗费的时间。

假如它耗费：

> 10 个工人组成 A 组耗费 2 小时生产一件商品，
> 10 个工人组成 B 组耗费 3 小时生产一件商品，
> 10 个工人组成 C 组耗费 4 小时生产一件商品，
> 那么，平均值就是 3 小时。

竞争压力会迫使 C 组工人提高其工作速度，以便更加靠近 3 小时这个由 B 组所确立的社会平均值。但社会平均值本身也是会变的，因此，无论是 B 组还是 C 组都会被迫按一个新的平均值来生产商品，这个新平均值会逼近 A 组生产商品所耗费的那个 2 小时。

这理所当然是一件好事，它有错吗？它让工人工作更有效率。那么，它是为谁而高效率啊？当然，它有利于资本家，但它通常是以牺牲其他质上的考虑为代价来实现的。也许为了使商品制造达到高标准和高品质，这就要求工作时间维持在 3 至 4 小时之间，但这要求会向无情地追求更快劳动

的压力妥协吗？那些在乎他们所制造的东西或所提供的服务的工人经常会发觉，恰是这些质上的考虑在这个被狭隘理解的"效率"祭坛上被牺牲掉了。

钟表内上下字分别为"停顿""赶紧"

当然，如果雇用了 C 组的资本家以更高质量的名义、以更高的价格出售了他的产品，那么其生产经营或许能维持下去，但这只会制造出一个把某些消费者排除在外的、等级森严的市场。

假如在各组所耗费的劳动时间趋同，价格因为更高的效率而下降，这不是至少有利于消费者吗？

我们必须牢记：消费者和工人并不是两个彼此分离的人。工人同时也是消费者，而消费者不是工人就是依赖于工人的人。

资本家一只手以低价格给予人东西，但东西又被他另一只手以较高的剥削率攫取回来了。所有的问题由此而产生。如同我们在后面将看到的，即便 A 组工人制造商品只耗费了 2 小时，这并不意味着这组工人享受到了 2 倍于 C 组工人的自由支配休闲时间。

价值是指社会必要劳动时间的平均值。但在价值关系之下，这种社会关系只能从定量和抽象的角度进行自我展示。

> 可能会有人这样认为，既然商品的价值由生产商品所耗费的劳动量来决定，那么一个人越懒，越不熟练，他的商品就越有价值，因为他制造商品需要花费的时间越多。但是，形成价值实体的劳动是相同的人类劳动，是同一的人类劳动力的耗费。体现在商品世界全部价值中的社会的全部劳动力，在这里是当作一个同一的人类劳动力，虽然它是由无数单个劳动力构成的。每一个这种单个劳动力，同别一个劳动力一样，都是同一的人类劳动力，只要它具有社会平均劳动力的性质，起着这种社会平均劳动力的作用，从而在商品的生产上只使用平均必要劳动时间或社会必要劳动时间。
>
> ——马克思，《资本论》

要理解这种趋向社会平均值的压力是如何发挥作用的，最好的方式是联系特定产业或工种中的特定劳动阶级来进行思考。这种压力在民族国家的框架内是最大的。但当资本变成国际范围内的资本时，资本就可以利用国际竞争来确立新的较低的价值率。

在此，重要的是要记住：所谓的"社会必要"劳动时间是由不容讨论、量化而抽象的尺度决定的。当时间被价值所占据时，我们就不再占据时间，而是时间占据或拥有我们。作为价值的时间成为缠住我们的幽灵，它不断地驱迫我们越来越快地劳动。

> 钟摆成了两个工人相对活动的精确的尺度，就像它是两个机车的速度的尺度一样。……时间就是一切，人不算什么；人至多不过是时间的体现。现在已经不用再谈质量了。只有数量决定一切：时对时，天对天……
>
> ——马克思，《哲学的贫困》

可以把马克思的政治事业说成是一件极其平凡的事情：努力把质性的维度重新引入生活。这当然不是一个非理性的想法吧？不幸的是，从根本上把定性的决断重新引回到生产方式之中，将意味着资本主义的终结。这完全不是资本家所乐见的事情。

让我们更具体一点，来考察上述所有的资本物质载体：

机器设备、原料、劳动力和制成品等等，看它们是如何相互
关联的。

马克思将生产过程中的资本分为两大类：不变资本和可
变资本。

不变资本是指被购买来作为生产手段和资料的建筑物、
机器设备和原料。可变资本是指由资本家购买来操作这些生
产手段和资料的人类劳动力。对不变资本与可变资本之间的
区分成为马克思论断的关键所在。

> 一方的生产资料，另一方的劳动力，不过是原有资
> 本价值在抛弃货币形式而转化为劳动过程的因素时所采
> 取的不同的存在形式。可见，转变为生产资料即原料、
> 辅助材料、劳动资料的那部分资本，在生产过程中并不
> 改变自己的价值量。因此，我把它称为不变资本部分，
> 或简称为不变资本。
>
> ——马克思，《资本论》

譬如，资本家 B 花费 1 万美元从资本家 A 那里购买了
机器设备。记住：资本家 A 靠他以工资形式支付给工人的
货币量与工人在制造机器的过程中所创造的价值总量之间的
差额来获利。由此，资本家 A 依价值量出售机器，从而
赢利。

资本家 B 通过购买拥有了机器设备，使之成为生产资料

的一部分。不过，这些机器设备并不能创造新的价值，唯有人类的劳动力才能创造新的价值。那么，在生产过程中不变资本到底发生了什么变化？

> 劳动作为这种有目的的生产活动，纺纱、织布、打铁，只要同生产资料接触，就使它们复活，赋予它们活力，使它们成为劳动过程的因素，并且同它们结合为产品。
>
> ——马克思，《资本论》

那么，当不变资本同与之相适应的一定类型的劳动的特性相接触时，它就把蕴含在其中的价值转移到了新产品中。

> 根据经验可以知道，一种劳动资料，例如某种机器，平均能用多少时间。假定这种劳动资料的使用价值在劳动过程中只能持续 6 天，那么它平均每个工作日丧失它的使用价值的 1/6，因而把它的价值的 1/6 转给每天的产品。一切劳动资料的损耗，例如它们的使用价值每天的损失，以及它们的价值每天往产品上相应的转移，都是用这种方法来计算的。
>
> ——马克思，《资本论》

假定一台价值 1 万美元的机器能使用 5 年，那么每年它把 2 000 美元的价值量转移到它参与制造的产品中。关键在

于，在它与生产过程有关的方面，并没有新的价值被创造
出来。

> 像不变资本的任何其他组成部分一样，机器不创造
> 价值，但它把自身的价值转移到由它的服务所生产的产
> 品上。就机器具有价值，从而把价值转给产品来说，它
> 是产品价值的一个组成部分。
>
> ——马克思，《资本论》

这并不意味着物件（机器）的价格不会随供需状况适时
变化。譬如，资本家通常有可能在公司破产或遭受某种金融
危机时很便宜地买到设备，这就好比在1997—1998年东南
亚金融危机期间西方的企业就买到了许多便宜的设备。

假定在我们所举的例子里，资本家A在债务利息的支
付上遇到了麻烦而不得不以低于其价值的价格出售其产品，
以快速筹集资金。资本家B刚好路过，只花了6 000美元
（而非10 000美元）就买到了这台机器。所有这一切意味着：
蕴含在机器内的价值从资本家A再分配给资本家B，其数额
达4 000美元之多。但这其中从未有新的价值被创造出来。

马克思区分了两种不同的不变资本：固定资本与流动资
本。固定资本是指那些趋于永久性的设施，如建筑物、机器
设备、工具和照明装置等，在一定时间范围内，它们在生产
过程中将其价值一点一点地、一部分一部分地转移到新产

品上。

流动资本是指在产品制造的同时被一次性使用完或完全转化了的原料。

相比于原料在劳动过程中改变了形态或彻底消失，劳动资料则

> 保持原来的形态，并且第二天以同前一天一样的形式进入劳动过程。

> ——马克思，《资本论》

一旦资本被"固定"在代表相对长期投资的、持久的物理形态上，这种资本就有可能遭遇贬值。假如由于新的机器样式已经得到广泛使用，被资本家 B 花费 10 000 美元购买的机器在两年半后就报废了，那么这台机器一半左右的价值量就损耗了。这是一大驱动力，它迫使资本家尽可能以浓缩的方式使用其所有的固定资本，至少以社会平均水平的速度将其价值转移到新产品中去。当然，这对活劳动这一价值赖以转移的不可或缺的手段产生了影响。

活劳动具有双重作用。它既转移了体现在固定资本和流动资本内的价值，又在劳动过程中创造了新的价值。

> 生产资料加到产品上的价值决不可能大于同它们所参加的劳动过程无关而具有的价值。……劳动过程的主观因素，即发挥作用的劳动力，却不是这样。当劳动通

过它的有目的的形式把生产资料的价值转移到产品上并保存下来的时候，它的运动的每时每刻都形成追加的价值，形成新价值。

——马克思，《资本论》

在此，我们可以非常清楚地看到，具体劳动和抽象劳动如何在同一时刻和同一劳动行为中共存。这里有一个质的维度，它基于这样一个事实，即：一种特殊的劳动是同一种特殊的机器设备一起工作的，正是通过这种质的渠道，使用价值被转移和生产出来。与此同时，在资本主义制度下，这也是——而且首先是——一个量的过程（社会必要劳动时间），因而是一种抽象劳动行为。作为抽象劳动，它不仅是使用价值的被转移和被创造，而且首先是价值的被转移和被创造。追加价值的劳动力是一种不同形式的资本：

相反，转变为劳动力的那部分资本，在生产过程中改变自己的价值。它再生产自身的等价物和一个超过这个等价物而形成的余额，剩余价值。这个剩余价值本身是可以变化的，是可大可小的。

——马克思，《资本论》

马克思称购买活劳动力的这部分资本为可变资本，因为它生产出依情况而变的价值。有许多的方式可以使这种可变性朝有利于资本的方向增长。资本可以延长劳动者工作的时间而不支付报酬（比方说，增加劳动时间）。资本可以使工人在一定时间段内更加努力地工作。或者，资本可以通过采用新技术而提高劳动生产率。我们随后再来讨论这一点。

我们暂且可以对构成价值生产过程的不同要素加以区分。这里将涉及几个数学公式——它们绝对是讲得通的。

让我们来假设资本的总量是 5 000 美元，其构成是：

不变资本 4 100 美元＋可变资本 900 美元＋剩余价值 900 美元。

或者说：

C4100＋V900＋S900。

其中体现在产品中的新价值是 V＋S 或者 900＋900。

可变资本（V）相当于由劳动力所创造的新价值，它等价于购买该劳动力的工资。

剩余价值（S）相当于由劳动力所创造的、超出劳动力成本的追加价值。

新价值总量是 1 800，其中可变资本 900，剩余价值 900。

从上述分析，我们知道剩余价值完全是可变资本即转化为劳动力的那部分资本的价值变动的产物，由此，可变资本(V)＋剩余价值（S）＝V＋V′，或者说，可变资本加上可变资本的增殖额。

马克思从不变资本（C）、可变资本（V）和剩余价值（S）三个要素中抽离出两个算式。

剩余价值率是通过相除得出的：S（剩余劳动）/V（必要劳动）。

在此，则是 900/900，得出的剩余价值率是 100％。

> 剩余价值率是劳动力受资本剥削的程度或工人受资本家剥削的程度的准确表现。
>
> ——马克思，《资本论》

利润率则是剩余价值除以总的资本支出额——包括不变资本和可变资本——算出来的。

$$S(900)/C(4\ 100)＋V(900)＝18％的利润率$$

正如马克思指出的，在这些数字的背后，存在着至关重要而又往往被掩盖的种种社会关系。

> 实际上，利润是剩余价值的表现形式，而剩余价值只有通过分析才得以从利润中剥离出来。在剩余价值中，资本和劳动的关系赤裸裸地暴露出来了；在资本和利润的关系中……**资本**表现为**一种对自身的关系**，在这种关系中，资本作为原有的价值额，同它自身创造的新价值相区别。
>
> ——马克思，《资本论》

剩余价值就好比是在资本主义聚会上的一位相当尴尬的客人。它是一种提示——谁在为所有的剩余价值付出代价，谁又打破了资本只同自身讨论有关到底有多少利润制造出来的会话。

第五章　资本主义制度下的劳动

我们看到，马克思的研究始于商品概念。接着，他逐步展开论述，考察交换和流通，最终讨论劳动力的购买。在每一个研究阶段，他都发现了矛盾（譬如，使用价值与交换价值间的矛盾）和奥秘（比方说，何为价值，价值从哪里来）。这些矛盾冲突都源自劳动力转化为商品这一核心的问题。

资本家要坚持他作为买者的权利，他尽量延长工作日，如果可能，就把一个工作日变成两个工作日。另一方面，这个已经卖出的商品的独特性质给它的买者规定了一个消费的界限，并且工人也要坚持他作为卖者的权利，他要求把工作日限制在一定的正常量内。于是这里

出现了二律背反，权利同权利相对抗，而这两种权利都
同样是商品交换规律所承认的。在平等的权利之间，力
量就起决定作用。所以，在资本主义生产的历史上，工
作日的正常化过程表现为规定工作日界限的斗争，这是
全体资本家即资本家阶级和全体工人即工人阶级之间的
斗争。

——马克思，《资本论》

这是马克思的经典看法。他秉持资产阶级或资本主义的
经济原理（在此指私有产权），看到了其中一种不可调和的
矛盾。劳动力商品的特殊性在于，它被出售之后，仍然依附
于劳动者个人。劳动力似乎并不像柠檬那样可以被装在瓶子
里用来榨汁，而其出售者（工人）却可以自由地离开去
娱乐。

这种产权之间的矛盾冲突只能通过暴力来解决。这里所
涉及的实际上是矛盾如何解决的问题。资本暴力采取了许多
形式，有经济暴力、政治暴力、法律暴力，当然还有听任于
资本支配的身体暴力，它动用警察甚至军队。

在马克思的时代，譬如 1871 年法国军队屠杀工人，终
结了被称为巴黎公社的工人控制社会的实验。整个拉美 20
世纪的历史就是一部当工人和农民在资本家阶级面前"神气
活现"时军队就插手干预和介入政局的历史。

马克思成年期间的大部分时间都流亡于英国，当时的英

国是工业大革命的发源地，同时也是资本主义发展的中心。因此，如果要围绕工作日的斗争展开具体鲜活的案例研究，马克思很自然地就转向了英国 19 世纪中期的历史。

在此，由议会设立的工厂督察机构的报告提供了有关英国工人阶级状况的某些证据。这些报告表明了当年制陶业中成年工人的身体状况不断恶化，他们深受疾病、残疾和短命的折磨。

自 19 世纪中期以来，火柴制造业在英国迅速地发展起来，其中大多企业雇用的是童工，这些童工因长期暴露于磷毒之中而普遍患有牙关锁闭症。

> 如果但丁还在，他会发现，他所想象的最残酷的地狱也赶不上这种制造业中的情景。
>
> ——马克思，《资本论》

童工的使用在维多利亚时期的英国很盛行。马克思所引用的报告详述了 7 岁儿童每天要工作 15 个小时的情景。

今天，曾经广泛存在于非正式部门和国内服务业中的童工，仍然出现在资本主义的制造业中，他们通常制造着全球品牌的产品。人们发现，为耐克（Nike）、盖璞（Gap）和苹果（Apple）等大公司工作的承包商近年来一直在雇用童工。

> 资本是死劳动，它像吸血鬼一样，只有吮吸活劳动

才有生命，吮吸的活劳动越多，它的生命就越旺盛。工人劳动的时间就是资本家消费他所购买的劳动力的时间。

——马克思，《资本论》

马克思告诉我们，在 19 世纪中期，面包师很少能活过 42 岁，这是当时过于繁重的工作所导致的寿命水平。铁匠也因工作过度而提早过世。

资本是不管劳动力的寿命长短的。它惟一关心的是在一个工作日内最大限度地使用劳动力。它靠缩短劳动力的寿命来达到这一目的，正像贪得无厌的农场主靠掠夺土地肥力来提高收获量一样。

——马克思，《资本论》

对成年人和儿童来说，延长工作时间和加夜班是家常便饭。工作条件极其危险，对生命构成极大的威胁。工人阶级对变革的渴望与日俱增。显然，国家必须介入其中。由此，在 1833—1864 年一系列的工厂法案旨在对资本加以约束。

英国的工厂法是通过国家，而且是通过资本家和地主统治的国家所实行的对工作日的强制的限制，来节制资本无限度地榨取劳动力的渴望。

——马克思，《资本论》

不过，工厂视察员的人数太少，不可能普遍而有效地执行工厂法，而当资本家因违法而受惩罚时，罚金太少，他们

甘愿冒被抓的风险。正如马克思所指出的，请记住，这就是那个试图对资本主义加以调控的资本主义国家，这就好比是让狼群来负责控制夜间偷袭农场。

在马克思时代，那种罚款的无效状态在 150 年后又重现了。如今，公司的惯常做法是，把法定的罚款算入可以被内部消化的运行成本当中。

譬如，2009 年，美国的整个矿业界被管理者列举出的违法事件达 17.392 8 万件之多，罚款额总计 1.41 亿美元。这种罚款发挥效力了吗？没有，2010 年，在梅西（Massey）矿业公司中，单是其西弗吉尼亚煤矿中的一个矿就出现了 123 次安全违法行为。不久之后，那里有 29 名矿工死于地下爆炸事故。

为使工人的工作处境更加安全，必须追加投资，这是要花钱的。安全监管则要花费时间，如同我们所知，时间亦是金钱。由此可见，资本对劳动安全文化的抗拒就成为一种必然。

现在如同过去，工作过度还会导致事故。

一次惨重的车祸把几百名旅客送到了另一个世界。这几个铁路员工的疏忽大意是造成这次不幸事件的原因。他们在陪审员面前异口同声地说，10—12 年以前，他们每天只劳动 8 小时。但是在最近 5—6 年内，劳动时间延长到了 14、18 甚至 20 小时，而在旅客特别拥挤的时候，例如在旅行季节，他们往往要连续劳动 40—50 小时。可是他们都是些普通人，并不是塞克洛普。他们的劳动力使用到一定限度就不中用了。他们浑身麻木，头发昏，眼发花。但是最"可尊敬的不列颠陪审员"对他们的回答，是定为"杀人罪"，……，只在一项温和的附录中表示良好的愿望，希望铁路大亨们将来在购买必要数量的"劳动力"时大方一些，在榨取所购买的劳动力时"节制"、"节欲"或"节俭"一些。

——马克思，《资本论》

如今的英国，据保险公司统计，在 18％的案例中，疲劳劳动成为工厂事故的首要原因。在全世界，慢性驾驶疲劳被指认为众多坠机事件的原因。

正如我们所看到的，资本家一直在寻求缩短工人为赚足

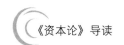

够的钱维持自身生存而必须劳动的时间（必要劳动时间），增加工人无偿为资本家劳动的时间（剩余劳动时间）。

为此，有一种方法就是，延长工作日的时长。马克思称这是绝对剩余价值的生产，因为它涉及靠工人工作更长的时间来扩大剩余价值。

不过，工作日同时是由身体需要和社会需求所决定的。

> 除了这种纯粹身体的界限之外，工作日的延长还碰到道德界限。工人必须有时间满足精神需要和社会需要，这些需要的范围和数量由一般的文化状况决定。
>
> ——马克思，《资本论》

今天，40小时工作周在大量的欧洲国家和地区是极其正常的——尽管许多国家工人必须超时工作（加班）来保持收支平衡。一方面，绝对剩余价值的生产仍是一个难以抗拒的巨大诱惑，所以其具有持续存在的可能性；另一方面，资本主义又不得不寻找延长工时之外的其他方式来扩大剩余价值。一种明显的方式是增加工作日的劳动强度，使工人在一定的工作日劳动定额内更加努力工作。

在马克思的时代，工厂视察员报道了资本家是如何通过侵占工人法定的吃饭和休息时间从每个工作日中"夺走"额外的半小时。这些"零敲碎打地偷窃"和"啃"工人休息时间的做法表明资本是何等迷恋于时间的。

马克思指出，资本家对时间流逝的恐惧意味着，供养工人正像

> 给蒸汽机添煤加水，给机轮上油一样。在这里，他的消费资料只是一种生产资料的消费资料，他的个人消费是直接生产的消费。
>
> ——马克思，《资本论》

在查理·卓别林的电影《摩登时代》中有一个绝妙的场景，查理被挑选出来测试一种提供给工人的新机器，他们在生产流水线上持续不断地工作。不消说，小配件出现了严重的问题。但资本是用"工作午餐"（working lunch）的概念去解决问题的。工作加压（job intensification）的文化实际上在不断强化，如同最近的一本书所揭示的：

> 工作时间长还只是问题的一部分，甚至还是其中的一小部分。更为普遍的问题是劳工经济学家所谓的"工作加压"。简而言之，它意味着：即便我们的工作时间不延长，我们也几乎必然会在工作时间内更加卖力。弗朗西斯·格林（Francis Green）教授是一位劳工经济学家，他跟踪过去十年左右尤为突出的工作加压问题，做出了最多的研究。他认为信息技术是工作加压的主要驱动力。信息技术以数百种不同的方式发挥作用。譬如，在呼叫中心，把呼入导给话务员的技术所做的就是，确

保每个人总是保持最高效率的忙碌状态。在工场车间，
类似的技术使劳动力的使用量达到极致，以至于在整个
劳动过程中很少有间歇休息或自然的中断。

——马德琳·邦廷（Madeline Bunting），《自愿的奴隶：
加班文化如何统治我们的生活》（*Willing Slaves：
How the Overwork Culture Is Ruling Our Lives*）

技术是中介，但正如我们所看到的，它并不是更加卖力
工作的施压原因。实际上，技术只不过是另一种资本形态。
它如同使用它来劳动的工人，必须持续不断地、无临时空隙
地被使用。马克思指出了这种缩短空隙的努力是如何要求对
工人的劳动予以充分承认的。

一个在制品的生产中依次完成各个局部过程的手工
业者，必须时而变更位置，时而调换工具。由一种操作
转到另一种操作会打断他的劳动流程，造成他的工作日
中某种空隙。一旦手工业者整天不断地从事同一种操
作，这些空隙就会缩小。

——马克思，《资本论》

由此造成了工人同整个劳动过程的关系的分裂，而被局
限于一种偏狭而重复的工作任务中，工人同时又被整合到不
断确保产量最大化的体制之内。

从事片面职能的习惯，使他转化为本能地准确地起作用的器官，而总机构的联系迫使他以机器部件的规则性发生作用。

——马克思，《资本论》

随着资本规模的扩大而把更多的工人汇集到它的掌控之下，劳动变得越来越同其他工人的活动相互依存。资本使得人类劳动成为社会与协作的基础。

劳动者在有计划地同别人共同工作中，摆脱了他的个人局限，并发挥出他的种属能力。

——马克思，《资本论》

与此同时，在资本制度下，劳动的社会基础变成了一种击打劳动力的外在强制力，而劳动的协作基础则变得极度等级化和非民主化。

一切规模较大的直接社会劳动或共同劳动，都或多或少地需要指挥，以协调个人的活动，并执行生产总体的运动——不同于这一总体的独立器官的运动——所产生的各种一般职能。一个单独的提琴手是自己指挥自己，一个乐队就需要一个乐队指挥。一旦从属于资本的劳动成为协作劳动，这种管理、监督和调节的职能就成为资本的职能。这种管理的职能作为资本的特殊职能取

得了特殊的性质。首先，资本主义生产过程的动机和决定目的，是资本尽可能多地自行增殖，也就是尽可能多地生产剩余价值，因而也就是资本家尽可能多地剥削劳动力。随着同时雇用的工人人数的增加，他们的反抗也加剧了，因此资本为压制这种反抗所施加的压力也必然增加。资本家的管理不仅是一种由社会劳动过程的性质产生并属于社会劳动过程的特殊职能，它同时也是剥削一种社会劳动过程的职能，因而也是由剥削者和他所剥削的原料之间不可避免的对抗决定的。

——马克思，《资本论》

马克思认为，大规模、社会化劳动要求有某种"指挥"的必要性与这种"指挥"在资本制度下所取得的"特殊性质"，是存在区别的。正如马克思在其他地方所指出的，就资本的目的而言，这种指挥是很"专制"的。马克思曾暗示，在一种不同的、没有内在于资本主义制度的对抗的社会经济关系中，指挥可能会以不同的方式发挥作用。在其他场合，马克思并没有更为鲜明地指出这一点，这或许是因为，他喜欢按其自身的发展来展开资本内在的矛盾，而不是简单地依自己所倾向的尺度来衡量、评估其缺陷。

在此，这种内在矛盾就是：资本既培育社会性又抑制社会性，在培育它的同时又抑制它。这种内在矛盾自我显现的方式清晰地体现在工作场所（工厂车间）摧残个体身心的等级体制内——虽然大规模的协作有助于提高人类劳动力的生产率。马克思引用了苏格兰哲学家亚当·弗格森（Adam Ferguson，1723—1816）的话，弗格森很精妙地表达了这种劳资之间的矛盾。

亚当·弗格森

愚昧无知是迷信之母，也是工业之母。反思和玄想是会犯错的，但动手或动脚的习惯脱离了愚昧，也免于

犯错。由此，工业越是发达的地方，心灵就越少被顾及。

——亚当·弗格森（Adam Ferguson），《文明社会史论》

（*An Essay on the History of Civil Society*）

为更少顾及心灵而更多地强加指挥，在现代工厂中必然会培育出一个新的"指挥"阶层。

> 正如军队需要军官和军士一样，在同一资本指挥下共同工作的大量工人也需要工业上的军官（经理）和军士（监工），在劳动过程中以资本的名义进行指挥。监督工作固定为他们的专职。
>
> ——马克思，《资本论》

在此，马克思意识到，工厂将出现直接的生产者与管理阶层之间的分化，而在这两者之间还有一个中间阶层（产业大军中的"军士"），它直接传达管理者（资方）的指令，并监督其贯彻执行情况。

马克思论证指出，整个社会中劳动的分工是与不同产业部门中产品的买卖相关联的，而工作中的劳动分工则是同劳动力的买卖相关联的。工厂内的劳动分工具有迥异于整个社会中劳动分工的特点，后者贯穿于生产产品和服务的不同生产部门。

在工厂或公司内，有一种自上而下的控制。而不同部门和它们所满足的不同社会需求的劳动分配之间的关系则是以市场的偶然和无常为特征的。

工厂有着严格而详细的计划和战略规划。而在整个社会劳动分工之间，则没有规划，有的只是脱离供需（有效需求）法则的无政府博弈。

在工厂或公司内，劳动力的售卖者从属于其购买者。而在整个社会劳动分工之间，工人被转化为商品的购买者，他（她）不承认其他的权威，他（她）就是自己的主人。

在此，我们看到了蕴含在同一个体内部两种不同身份之间深刻分裂的基础。一方面是工资的奴隶，另一方面则是消费者；一方面是受制于工作的勤劳的生产者，另一方面则是独立于劳动力市场的无政府主义的自由个体。这就是保守主义社会学家丹尼尔·贝尔（Daniel Bell）对经济和文化之间分裂的反思的基础所在。

> 今天的社会体制受制于理性的经济原则，这一原则是从资源配置效率的角度来界定的。与之相对，文化则是放纵、随性的，它被反理性、反智性所支配。那种传承于 19 世纪而注重自律、延迟享乐和节制的性格结构是同种种社会体制需求相关的，它同现行文化尖锐对立。在文化领域，资产阶级的上述价值观完全遭到了拒斥，这部分地——也是悖谬地——根源于资本主义制度自身的内在运作。

——丹尼尔·贝尔（Daniel Bell），《资本主义的文化矛盾》（*The Cultural Contradictions of Capitalism*）

丹尼尔·贝尔

　　在英国，在周五和周六晚上，城镇和城市的中心通常被描述成"禁止进入区"，因为此时工资奴隶（雇佣工人）们都从对老板的附属中解放出来，摇身一变，成为自由的享乐主义者。这种身份的转变要求有大量的酒类供给，在酒精刺激下，工人长期酝酿的愤懑和紧张情绪得以彻底释放。政治权利会涉及道德上的堕落，但它没看到，这类"乱性""反理性""享乐"行为作为对劳动力市场中资本主义"理性"和"效率"的一种反叛性回应，是如何在消费市场中被培育出来的。

我们已经看到，延长工作日时间和使工人更努力地工作都是增加绝对剩余价值的方法。不过，第三种增加剩余价值的方法则是，通过让劳动力同威力更强大的机器相结合来增加劳动力的劳动生产率。

　　　　劳动生产力的提高，我们在这里一般是指劳动过程中的这样一种变化，这种变化能缩短生产某种商品的社会必需的劳动时间，从而使较小量的劳动获得生产较大量使用价值的能力。

　　　　　　　　　　　　　　　　　——马克思，《资本论》

譬如，可以按 60/40 的比率把一个 10 小时的工作日划分成两部分——生产一种商品的社会必需的劳动时间与在一定技术进步水平下的剩余劳动时间：

　　　必要劳动时间　：　剩余劳动时间　（共 10 小时）
　　　6 小时　　　　：　　　4 小时

然而，在生产的技术手段革新后，劳动生产力提高，比率变为：

　　　必要劳动时间　：　剩余劳动时间　（共 10 小时）
　　　4 小时　　　　：　　　6 小时

在此，正如马克思所论证的，劳动生产力的提高导致更大量的使用价值被生产出来，而无须耗费更多的劳动时间及更大的价值。其后果是商品的价格会下降。

马克思举了一个英国纺纱工和一个中国纺纱工的例子。假如他们在同等劳动强度下工作同样长的时间，那么他们两人在一周内会创造出同样多的价值。

> 尽管有这种相等，使用一架强有力的自动机劳动的英国人一周的产品的价值和只使用一架手摇纺车的中国人一周的产品的价值，仍有大得惊人的差别。在同一个时间内，中国人纺一磅棉花，英国人可以纺好几百磅。
>
> ——马克思，《资本论》

那么，同等的劳动时间蕴含在两种极其不同的使用价值量中：中国人制作的一磅棉花和英国人制作的数百磅棉花（归功于先进的技术）。这意味着，当英国棉花被制作分解成单块的布时，每一块布包含的价值（社会平均劳动时间）要比中国棉花制作分解出的单块布包含的价值少得多。每件东西的价值减少了，其价格就会下降。

假如生活必需品的基本生活资料（如食物、衣服等）的价格下降了，那么劳动力的价值也会下降，因为劳动力的价值是由生产出工资中支付给工人再生产自身及其家属所必需的等价物决定的。

　　资本家之所以在一个行业（生活必需品的生活资料）中进行技术革新，不是为了整个资本主义从劳动力价值的降低中获益。他们是被利己的原因所驱动去革新技术的。技术革新更有利于资本家阶级，而不是工人阶级，这一点是显而易见的，因为事实上，在工作日的时长没有缩短的情况下，剩余劳动时间增加了。

　　马克思的女婿保尔·拉法格（Paul Lafargue）在 1883 年写道：

　　　　我们的时代一直被称为工作的世纪。它实际上是一个充满辛劳、苦痛和腐败的世纪。……一个手巧的劳动妇女用针具每分钟只能编织出 5 根网线，一种圆型针织机在同一时间内则能编织出 3 万根网线。可见，机器运转一分钟等量于劳动妇女工作 100 个小时，或者说，一台机器工作 1 分钟就可以让一个劳动妇女休息 10 天。针织业中的这种情况大抵也存在于经过现代机器改造过的所有行业中。但我们看到了什么？机器被加以改进而以不断提高的速度和精准度从事人的工作，相应地，工人不是延长了他先前的休息时间，而是加倍努力工作，似乎他很想同机器展开竞争。唉，多么荒诞而致命的竞争！

　　　　——保尔·拉法格（Paul Lafargue），《懒惰的权利》（*The Right To Be Lazy*）

Paul Lafargue

保尔·拉法格

拉法格主张 3 小时工作日！鉴于人类劳动生产力水平，这种主张真的很荒谬吗？劳动生产力的进步并没有带来工作时间的减少（基于维持剩余劳动时间及剩余价值的需求的变化）。资本对某些人的剩余劳动的渴求意味着，其他的人对必需的量来说完全是过剩的，他们成为马克思所谓的产业后备军。

工人阶级中就业部分的过度劳动，扩大了它的后备
军的队伍，而后者通过竞争加在就业工人身上的增大的
压力，又反过来迫使就业工人不得不从事过度劳动和听
从资本的摆布。

——马克思，《资本论》

如果是 3 小时工作日，那么就可以雇用 2 个以上的人来
从事一位当下日工作量 9 小时的人的劳动。当然，不得不给
3 个人支付等价于必要劳动时间（先前蕴含在 9 小时的劳动
之内）的工资。这何以支付？对此，资本家歇斯底里地叫
喊。对资本家来说，只要能够重新获取曾从一个工人身上榨
取的剩余价值，这就支付得起，而工资可以在 3 个人当中分
享，而不让资本家掠夺走。文明和物质财富并不会同工作日
的大大缩短和领取工资的雇工人数的相应增多相冲突，而在
资本主义制度下，这种冲突确实会发生。

无论在农村还是城市，不需要的劳动力剩余人口都不能
得到稳定的就业，他们在近年来爆炸式地增长。最突出的表
现是，在发展中国家贫民窟的范围在不断扩大。

由此，未来的城市并不是早年城市规划专家所设想
的那样由玻璃和钢铁所构筑，而在很大程度上是由粗
砖、稻草、再生塑料、水泥砖和报废的木料搭建而成。
没有灯火通明的城市耸入云天，相反，在 21 世纪的绝

大部分时间里，整个城市地区都将蜷伏在肮脏之中，被污染、粪便和腐臭所包裹。事实上，蜗居在后现代贫民窟内的10亿城市居民很可能无不嫉妒地回望安纳托利亚（Anatolia）的加泰土丘（Catal Hüyük）——那处建造于9 000年以前尚处于城市生活初期、由坚固的泥屋所构成的城市遗址。

——迈克·戴维斯（Mike Davis），《充斥贫民窟的星球》（*Planet of Slums*）

迈克·戴维斯

在经济最发达的资本主义国家中，也许没有贫民窟，但肯定存在长期的结构性失业现象（失业率要比官方统计所承认的水平高得多，这种官方统计不断地寻找计算或排除失业者的新方法）。这给包括社会各阶层的人类共同体及其生活造成了巨大的浪费。

> 想想看，男人和妇女都听命于这个涨落不定而不断虚拟化的劳动力市场的摆布，被它所抛弃。他们赖以为生的这个市场日益萎缩，它并不依赖他们。再看看，他们受雇的机会是何等少，而不再受雇的时候又何其地多。再看看吧，他们是如何过着呆板单调的生活的，尤其是那些年轻人，他们都处在无尽的空虚和屈辱之中，似乎一切都与他们过不去……想想吧，除了对这些男人和女人的剥削，更为糟糕的是：连这样的剥削都"得不到"！我们多么难以意识到这群人在颤抖，而我们每个人其实都是其中的一员啊！
>
> ——维维安尼·福里斯特（Viviane Forrester），
> 《经济的恐怖》（*The Economic Horror*）

或许可以这样来考虑，马克思本人就是一位沉湎于浪漫的工作观的人。但实际的情况并非如此。马克思只不过是看到了人类劳动作为社会发展基础的创造力。科技进步越是促进人类劳动力发展，为保持高水平生活而必须耗费在工作上

维维安尼·福里斯特

的时间就越少。不过，这可蕴含着资本主义制度下的另一种矛盾。劳动生产力的提高并未带来充裕的休闲时间，因为必要劳动时间的减少被剩余劳动时间的增加所吞并。

从根本上说，机器不同于早期的工具，因为它们再也不可能被单个人所使用。机器就是人类劳动生产力惊人增长的明证，这种增长曾经只存在于神话中。

机械旋床是普通脚踏旋床的巨型翻版；⋯⋯伦敦造

船厂切割胶合板的工具是一把巨大的剃刀；剪裁机的工具是一把大得惊人的剪刀，它剪铁就像裁缝剪布一样；蒸汽锤靠普通的锤头工作，但这种锤头重得连托尔也举不起来。

——马克思，《资本论》

然而，这种机械巨型化趋势并没有如其可能的那样把人类从劳动中解放出来，相反，它使人类为机器所奴役——机器采取了社会性的固定资本形式。

从劳动作为支配生产过程的统一体而囊括生产过程这种意义来说，生产过程已不再是这种意义上的劳动过程了。相反，劳动现在仅仅表现为有意识的机件，它以单个的有生命的工人的形式分布在机械体系的许多点上，被包括在机器体系本身的总过程中，劳动自身仅仅是这个体系里的一个环节，这个体系的统一不是存在于活的工人中，而是存在于活的（能动的）机器体系中，这种机器体系同工人的单个的无足轻重的动作相比，在工人面前表现为一个强大的机体。在机器体系中，对象化劳动在劳动过程本身中与活劳动相对立而成为支配活劳动的力量，占有活劳动的资本就其形式来说就是这样的力量。

——马克思，《1857—1858年经济学手稿》

机器能缩短工作时间，它却延长或维持着工作时间；

机器能减轻劳动负担，它却增加了劳动负担；

机器应该是人类战胜自然的一种胜利，它却使人类沦为不受控的社会秩序或所谓的"第二自然"的奴隶；

机器为所有人增添财富，它却加剧了不平等状况。

在资本主义制度下，整个世界实际上都被颠倒了。

为了利润，资本不会停下辱没人类劳动的步伐。而且，资本还败坏了劳动所生产出来的物品。马克思曾提到英国面包房普遍存在面包掺杂明矾粉的现象，他把这一现象看作是剥削工人的另一个方面。明矾可以赋予面包一种白色的好看相。对此，《英格兰教会杂志》指出：

> 对白面包如此不明智而普遍的偏好导致了有害的制作，把明矾掺入面粉中，这又进一步导致了各种各样的掺假和欺诈行为。它使那些喜欢添加更多明矾的面包师制作出的面包（其实是由遭到破坏或劣质的谷物磨成的面粉做成的）看起来是最好的或是最贵重的，进而把它们大批量地售卖出去。这样做，他们就欺骗了购买者，戕害了他们的健康。

> ——《英格兰教会杂志》（*The Church of England Magazine*，1847）

1860 年《食品掺假法案》的颁布试图避免此类掺假的

做法，但在马克思看来，对资本讲求效率的强烈需求来说，这个法案太棘手了——虽然后来的立法的确有效地杜绝了上述做法。伴随着食品的资本主义工业化的扩张，食品作为商品的使用价值与交换价值之间的矛盾冲突变得更加突出，因而不可避免地赶在了立法者力图抑制这种冲突所产生的消极后果的意愿的前面。

> 麦乐鸡 1983 年在全国范围内被采用。在麦乐鸡被采用的头一个月内，麦当劳公司就成为美国第二大鸡肉出售商，仅次于肯德基。麦乐鸡味道好，也很容易嚼，它们似乎比麦当劳食谱上的其他任何食品都要健康。毕竟，它们是鸡肉做出来的。但它们的健康优势只是一种表象。哈佛大学医学院的一位研究人员对麦乐鸡做的一项化学分析发现，它们的"脂肪酸"比家禽还要近似于牛肉……麦乐鸡大受幼童的喜爱，这在很大程度上得益于它们所具有的牛肉添加剂的味道。它们每盎司所包含的脂肪量是汉堡包的两倍。
>
> ——埃里克·施洛瑟（Eric Schlosser），《快餐国度》
> （*Fast Food Nation*）

在此，我们再一次看到，事情看起来的样子与其本质之间的反差构筑了整个资本主义市场，这种反差在不断重现。大量大众化生产出来的食物在感觉上的表现同其实际上的对健康的益处越来越背离。正如在过去，不管付出了多少生命的代价，政府都拒绝调控资本或是在资本调控上显得极其乏力。

《卫报》（*The Guardian*）上有一篇关于一份重要的英国健康报告的文章，它指出：

> 假如对加工食品和方便食品做出大的改变，那么就有可能拯救成千上万条生命，英国首席保健监察者今天会这样说，他要逼迫政府和食品行业采取行动去改善国民的日常饮食。
>
> 英国国家健康与临床卓越研究所（The National Institute for Health and Clinical Excellence，Nice）将在一份措辞激烈的重要报告中宣称，日常饮食并不仅仅是一个关乎消费者个人的问题。虽然会被说成是对食品行业的重大抨击，该报告还是提出了一系列改变现状的建议，包括：
>
> ● 全面禁止反式脂肪；
>
> ● 个人每日盐的摄入量减半；
>
> ● 如有必要，立法鼓励制作者大幅削减所有食物制成品中隐藏的饱和脂肪的含量；
>
> ● 确保低脂肪和低盐食品比不健康食品的价格要低廉；
>
> ● 禁止在晚上 9 点这一时间节点前为高盐和高脂肪

食物做电视广告，以便保护青少年；

- 敦促当地政务会禁止学校旁出现外带食品和垃圾食品商店；

- 在食品的有色符码系统中引入"信号灯"标识，以表明该产品是否含有高度、低度或中度的盐、脂肪和糖分。

但遗憾的是，政府对此的反应并不积极，这就意味着一切都得有赖于并取决于个人做出健康的选择。

——萨拉·博斯利（Sarah Boseley，健康专栏编辑），

《卫报》（*The Guardian*，2010 年 6 月）

毫不奇怪，政府对这些提议"并不热心"。政府的（消极）反应是对食品行业中的看法的一种反映，即：这是一个个人选择问题。

在资产阶级社会中，流行着一种法律拟制，认为每个人作为商品的买者都具有百科全书般的商品知识。

——马克思，《资本论》

然而，这类知识，恰恰是食品行业、政府和所有的研究机构限制和封锁的。食品"信号灯"有色符码系统为英国国家健康与临床卓越研究所所倡导，而又为英国政府所拒绝，它已经被欧盟投票否决了。这套食品有色符码方案本应该是向消费者标示食物制成品的营养价值的最行之有效的好办

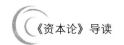

法。这也恰好是食品行业为何花费 10 亿欧元来游说反对这项提案的原因。在公司和国家权力的双重反对下，媒体的曝光和公众利益就如同重型卡车车轮之下被碾压的抛弃物。

结果是，消费者的健康不再是食品行业的关切所在。这类后果代表了经济领域中被称为"外部性"（externalities）的现象。这些（消极的）后果是从生产和交易活动中外溢出来的，当不存在有效的监管机制来强迫私营业主认同和承担其社会义务时，在通常情况下，他们很有可能选择不加理睬。既然承担社会义务会提高生产成本，商品生产者当然会拒绝认同这些社会义务，这样做恰好是符合这些私人业主的利益的。

> 对那些生产或消费蕴含消极的外部后果但其市场价格未能反映其成本很低的商品，消费者会增加其偏好和需求；相反，对那些生产或消费蕴含积极的外部后果但其市场价格未能反映其收益很高的商品，消费者会减少其偏好和需求。总之，我们自我调适，以便从我们所认为的体制性讨价还价中获益，同时避免从我们所认为的体制诈骗中受害。
>
> ——迈克尔·艾伯特（Michael Albert），《参与型经济：资本主义之后的生活》（*Parecon：Life After Capitalism*）

通常，这意味着短期利益（可支付性）战胜了长期利益（健康），或者说，从个体层面上看似理性的行为，如果被许多人复制，那么它就是非理性的了。资本主义有赖于社会，发达资本主义是一种高度相互依存和相互关联的社会经济制度，但由于其细胞形态是私人商品，而社会自身就是一种大的"外部性"，因此，资本主义制度在不断地否定和解除自己的社会基础。资本主义生产者造成了最大规模的消极外部性，而由资本主义所培育的冷漠文化包裹着我们所有的人。

> 毫不相干的个人之间的互相的和全面的依赖，构成他们的社会联系。……他在衣袋里装着自己的社会权力和自己同社会的联系。
>
> ——马克思，《1857—1858 年经济学手稿》

第六章　再生产与危机

我们已经考察了资本主义的生产。但现在我们必须转向这样一个问题：这种生产制度是如何在每天、每月、每年进行自我再生产的。为此，我们要回到流通问题上去。

> 每一个社会生产过程，从经常的联系和它不断更新来看，同时也就是再生产过程。
>
> ——马克思，《资本论》

对资本主义来说，要成功地再生产自身，什么是必须在场的？资本再生产的最重要的前提之一是工人为其生存而倚赖于劳动力市场——依附于资本——的再生产。

必须承认，我们的工人在走出生产过程时同他进入生产过程时是不一样的。在市场上，他作为"劳动力"
这种商品的占有者与其他商品的占有者相对立，即作为
商品占有者与商品占有者相对立。他把自己的劳动力卖
给资本家时所缔结的契约，可以说像白纸黑字一样表明
了他可以自由支配自己。在成交以后却发现：他不是
"自由的当事人"，他自由出卖自己劳动力的时间，是他
被迫出卖劳动力的时间。

——马克思，《资本论》

政治权利涉及的是福利依赖关系，而它往往把市场仅仅
看作是一个解放和自由的领域。然而，马克思懂得，在市场
依附关系的创造和维持中隐含着大量的强制因素。首先就这
种市场依附关系的创造而言，马克思提供了发生在英格兰和
苏格兰地区的这个过程的一幅历史简图。

使生产者转化为雇佣工人的历史运动，一方面表现
为生产者从农奴地位和行会束缚下解放出来；对于我们
的资产阶级历史学家来说，只有这一方面是存在的。但
是另一方面，新被解放的人只有在他们被剥夺了一切生
产资料和旧封建制度给予他们的一切生存保障之后，才
能成为他们自身的出卖者。而对他们的这种剥夺的历史
是用血和火的文字载入人类编年史的。

——马克思，《资本论》

　　在三个世纪或更长的时期内，农村劳动者从土地上被驱赶出来，转而涌入城市，沦为没有财产的无产阶级。这就使得大批的人被迫流落街头和走向轻微犯罪。与之相应的是，从 15 世纪末以来，对这些被驱赶者发动了一场残酷的国家战争。

　　被暴力剥夺了土地、被驱逐出来而变成了流浪者的农村居民，由于这些古怪的恐怖的法律，通过鞭打、烙印、酷刑，被迫习惯于雇佣劳动制度所必需的纪律。

——马克思，《资本论》

　　对殖民地的征服为来自英格兰的工人提供了逃离雇佣劳动制度的机会，一旦出现这样的机会，他们就会抓住。马克思援引了一个皮尔（Peel）先生的案例，他移民定居到西澳大利亚的斯旺河。皮尔先生带去了 5 万英镑的资本和 3 000 名工人及其家眷，让他们为他劳动。但皮尔先生带去的工人随即就发现，由于在他们周围遍布着大量可供利用的剩余土地，他们用不着去为皮尔先生劳动而使他更富有。

> 不幸的皮尔先生，他什么都预见到了，就是忘了把英国的生产关系输出到斯旺河去！……这是多么可怕的事情！精明能干的资本家竟用自己宝贵的金钱从欧洲输入了自己的竞争者！一切都完蛋了！
>
> ——马克思，《资本论》

这不仅仅是一个历史性的补充说明。假如资本主义起源于农村劳动者被剥夺掉自身的生产资料和大量的人口被推到市场依附关系中，那么，资本主义的再生产就要求不间断地、不断扩大地再生产这种市场依附关系。

> 资本关系以劳动者和劳动实现条件的所有权之间的分离为前提。资本主义生产一旦站稳脚跟，它就不仅保持这种分离，而且以不断扩大的规模再生产这种分离。
>
> ——马克思，《资本论》

至此，资本主义在何种意义上以不断扩大的规模再生产市场依附关系？当然，它一旦在久远的过去实现过，资本主

义是否就一劳永逸地实现它了？根本不是这样。事实上，资
本主义必须不断地对抗人们力图营造他们自身与整个资本主
义市场依附关系之间的缓冲区的倾向。资本必须做的第一件
事就是，确保绝大多数人所给的报酬不会太高，否则他们会
有所储备，从而缓解他们个人对出卖其劳动力的依赖性。这
一点早在 18 世纪初就被哲学家贝尔纳德·德·曼德维尔
（Bernard De Mandeville）认识到了。对此，马克思引述了
他说过的话。

贝尔纳德·德·曼德维尔

应当使工人免于挨饿，但不应当使他们拥有任何可供储蓄的东西。……靠每天劳动为生的人，只有贫困才能激励他们去工作，缓和这种贫困是明智的，但加以治疗则未免愚蠢。能使工人勤勉的惟一手段是适度的工资。工资过低会使工人依各自的气质或者垂头丧气，或者悲观绝望，工资过高则会使他们傲慢不逊，好逸恶劳……

——贝尔纳德·德·曼德维尔（Bernard De Mandeville），《蜜蜂的寓言》（*The Fable of the Bees*）

曼德维尔的训诫已深为资本家所领会。今天，大多数雇佣工人都还只是一些刚刚摆脱严重财务困扰的工薪者。始终存在的那种被迫出卖其劳动力的必要性靠无形而又牢固的链条把工人同资本紧紧维系在一起。

实际上，工人在把自己出卖给资本家以前就已经属于资本了。工人在经济上的隶属地位，是通过他的卖身行为的周期更新、雇主的更换和劳动的市场价格的变动来实现的，同时又被这些事实所掩盖。可见，资本主义生产过程，在联系中加以考察，或作为再生产过程加以考察时，不仅生产商品，不仅生产剩余价值，而且还生产和再生产资本关系本身：一方面是资本家，另一方面是雇佣工人。

——马克思，《资本论》

"国际货币基金组织"

从宏观经济和决策层面上看，劳资之间在这个方面正进行着一场斗争。劳动者寻求以各种方式削弱这种资本关系，而资方则力求强化这种资本关系。譬如，在国家为失业者提供了某些救济的地方，这种资本关系就被削弱；而在国家政策削弱代表工人利益的工会的权力和有效性的地方，这种资本关系就得到强化。

从国际层面上看，诸如国际货币基金组织和世界银行都推行了著名的结构性调整方案（Structural Adjustment Programs）。

这些方案包括对保护普通人赖以为生的基本食品的国内市场和价格的管制法律予以放松，包括出售国家资源和公司给外国资本、削减公共开支乃至规定一国应当生产的农作物的种类（比方说，那些提供给西方市场而非供养本国人民的农作物）。所有这些政策都旨在摧毁普通民众与市场依附之间业已创建起来的缓冲区，从而强化那种"资本关系"。

市场本身也直接加剧了人们对市场运行机制的依赖关系。譬如，公司和投机家可能买断大量的食物，囤积起来，然后抬高价格再出售。

银行和避险基金也大肆炒作期货，都把宝押在基本食品的未来价格上，造成价格大起大落，给发展中国家的农民带来灭顶之灾，同时也增加了贫穷消费者遭受饥饿乃至于被饿死的威胁。

埃塞俄比亚严重倚赖于小麦进口，因而主粮价格的上涨给它造成了巨大的影响。埃塞俄比亚的小麦总账款从 2006 年的 8 400 万美元跃升为 2008 年的 4.65 亿美元……努里亚·莫汉姆德（Nuria Mohammed）在埃塞俄比亚南部的奥罗米亚州地区种植蔬菜。当地的一场旱灾使当地小麦和玉米的价格翻了一番多……但纽里安只能倚靠从当地市场购买小麦和玉米度日，为活下去，纽里安不得不卖掉 5 口牲畜来攒够买粮食的钱。"我卖掉牲口赚得两三百比尔。由于缺少足够多的牧场草料，这些牲口瘦得像皮包骨，但它们仍旧是我们唯一的家产。要是在以前，它们每头还值 1 000 比尔（相当于 105 美元）。"

—— "世界发展运动"（World Development Movement），载《狂赌饥荒》

（*Betting on Hunger*，2010）

如果说，工人对市场依附的再生产对资本再生产来说是必要的，那么同样必要的是要再生产出比以往更多的资本。资本家只有一个目标——一个心中的神。

积累啊，积累啊！这就是摩西和先知们！

为积累而积累，为生产而生产——古典经济学用这个公式表达了资产阶级时期的历史使命。

—— 马克思，《资本论》

假定某个资本家出现了你在好莱坞电影中所看到的那种顿悟，意识到自己对工人确实太不友善了；但他真要是从此变得仁慈和慷慨，竞争机制立马就会迫使他出局。

自由竞争使资本主义生产的内在规律作为外在的强制规律对每个资本家起作用。

——马克思，《资本论》

竞争发挥的最重要作用之一就是迫使每一个资本家加压于他们的劳动成本。但工人必然会有付出，

工人不费分文是一个数学意义上的极限：虽然可以逐渐接近，但永远无法达到。资本的经常趋势是使工人

降到这种不费分文的地步。

——马克思，《资本论》

这不仅仅是因为资本家从个人财富的角度想要为自己攫取更多的财富，而且，它还因为为积累而积累要求有尽可能多的剩余物投放到流通领域——以便这种剩余能够再投资，回归生产过程。

记住：资本的流通或货币—商品—货币（增殖）拒绝财富流出流通界进入个人消费领域。否则，对资本来说，这终究是个损失。有悖常理的是，资本实际上并不是为消费而生产！

积累要求价值在生产和流通领域中资本不同的物质体现物之间流动。诚如我们所看到的，价值体现在不变资本（固定资本和流动资本）中，当这些体现物同可变资本（劳动力）相接触和结合时，它们使其价值转移到另一个产品上。而可变资本则追加新价值到生产资料和手段的进一步转化之中。然后，最终的产品或商品资本在市场上流通。当它被卖出后，束缚在商品资本里的剩余价值被释放出来，并回流到资本身上。

一个货币额转化为生产资料和劳动力，这是要执行资本职能的价值量所完成的第一个运动。这个运动是在市场上，在流通领域内进行的。运动的第二阶段，生产过程，在生产资料转化为商品时就告结束，这些商品的价值大于其组成部分的价值，也就是包含原预付资本加上剩余价值。接着，这些商品必须再投入流通领域。必须出售这些商品，把它们的价值实现在货币上，把这些货币又重新转化为资本，这样周而复始地不断进行。

——马克思，《资本论》

只有当足够多的资本量重新投资到生产更多资本的过程中时，作为一个整体的资本主义才是快乐的。

一方面，某些再度投资部分可能作为"劳动基金"留出来，用于购买新一轮生产所必需的劳动力。正如我们所知，对每一个资本家来说，理想的状态是使工人降到不要分文的地步。另一方面，某一部分剩余价值会转化为资本家的消费基金。在此，理想的状态无疑是，这些基金应当尽可能地充裕，不至于对积累的循环产生破坏性影响。正如经济学家爱德华·沃尔夫（Edward N. Wolff）所指出的，劳资之间最严重的不平等现象出现在美国。

金融财富

年份	顶层 1%	中层 19%	底层 80%
1983	42.9%	48.4%	8.7%
1989	46.9%	46.5%	6.6%
1992	45.6%	46.7%	7.7%
1995	47.2%	45.9%	7.0%
1998	47.3%	43.6%	9.1%
2001	39.7%	51.5%	8.7%
2004	39.7%	50.3%	7.5%
2007	42.7%	50.3%	7.0%

Edward
N. Wolff

爱德华·沃尔夫

自 2007 年以来，占人口 1％ 的顶层人士攫取了 43％ 的可供支配的金融财富（不动产——但不包括个人房产，加上现金、基金、股票等等），接下来 19％ 的人口攫取了美国一半的可供支配的金融财富。加起来看，占人口 20％ 的顶层人士支配了美国社会 93％ 的流动资产。这就意味着，绝大多数的人即 80% 的人口只能靠 7% 的可支配金融财富度日。由此，货币是财富以极不平等的方式流通的最佳中介。

> 资本家阶级不断地以货币形式发给工人阶级票据，让工人阶级用来领取由它生产而为资本家阶级所占有的产品中的一部分。工人也不断地把这些票据还给资本家阶级，以便从资本家阶级那里取得他自己的产品中属于他自己的那一部分。产品的商品形式和商品的货币形式掩饰了这种交易。
>
> ——马克思，《资本论》

显然，由于创造了社会财富而予以回报的凭据的局限性，绝大多数人是以非常不平等的方式获取他们所生产的社会财富的。劳动力以其价值被出售、所生产的剩余价值被无形地掠夺，在市场上出卖劳动力的表面上的自由以及凭借货币或凭据的所有权获取社会财富的个体化等等，这一切都使得交易的剥削性被掩盖了。

由于富有者更加富有，因此奢侈品市场一直在扩张。下面我们来听听这种趋势对奢侈品市场委员会的两名创建人来说是何等激动人心：

> 努奇福拉（Nucifora）：下面，我们来谈谈奢侈品市场吧。市场规模？产品类别？重大转向？以及正在发生的变化？

弗曼（Furman）：在过去十年里，它也许是商界各行业中最具活力的市场。如果回顾一下日常零售的大众市场，其市场总收入在不断增加，每年保持以 4％～6％的速度增长。对过去十年来说，奢侈品的类别肯定也增加了 20％到 30％。单就在美国，奢侈品就有 4 000 亿美元的市场容量。当局估算，它每年的增长率将达到 15％，到 2010 年，它将成为一个 1 万亿的市场。

不过，"日常大众零售市场"是大多数人进行自我再生产的地方，由此，他们可以创造出奢侈品零售市场所倚赖的那种利润。但这里还有一个问题。

资本家所关切的是尽可能地减少工人个人的消费，把它降至绝对必要（不能不需要）的地步。

当然，从单个的资本家的角度看，这完全是理性的做法。但要是每个资本家都被驱使着这样去做，那么，他们必定会抱有幻想，希望会有资本家没那么大的动力去这么做。这是因为，要是每位工人的工资都被压低了，那么，谁去购买为大众市场生产的产品呢？

每一个资本家都知道，他同他的工人的关系不是生产者同消费者的关系，并且希望尽可能地限制工人的消费，即限制工人的交换能力，限制工人的工资。每一个资本家自然希望**其他**资本家的工人成为**自己的**商品的尽可能大的消费者。但是**每一个**资本家同**自己的**工人的关系就是**资本和劳动的关系本身**，就是本质关系。

——马克思，《1857—1858 年经济学手稿》

压低自己的工人的工资和成本（诸如健康和安全）恰好是每个资本家所做的（它就是本质的劳资关系）。从单个资本家的角度看，这是理性的；而对整个资本主义制度来说，这却是一个大问题。在此，我们看到了资本主义另一个核心的矛盾。在个体层面上合理的做法汇聚起来（其他每个人也都这么做），会造成一个非常不合理的集体后果。

至此，我们处在了一个最前沿，要对马克思的两大危机理论之一做出解释。我们要考察的第一个危机理论是生产过剩（Overproduction）理论。该理论涉及产业周期，这在资本主义制度下贯穿于从经济繁荣到萧条的整个过程的所有阶段。马克思的周期危机理论含有三个方面的要素：

1）资本主义必然扩张或走向危机；

2）资本主义扩张的必要性伴随着它所制造的不平等而招致矛盾冲突；

3）由市场竞争导致的社会经济体系中各个部分之间的互不相干造成了价值流动中的崩溃。

生产过剩是指这样一种现象：在某个时间点上，会出现太多的资本投注到某些消费品上，以至于这些消费品没法被受到了资本支配抑制的大众消费所消耗掉。如果商品资本不

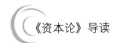

能卖出去，价值的流动就停滞了。

> 当资本仍然保持成品形式的时候，它是不能作为资本活动的，所以是**被否定的**资本。
>
> ——马克思，《1857—1858 年经济学手稿》

价值不再是精灵般的物质占有者，而变成了被困于物质牢笼里的绝望的囚徒，它没法逃离出来回到生产的循环之中。

> 一切现实的危机的最后原因，总是群众的贫穷和他们的消费受到限制，而与此相对比的是，资本主义生产竭力发展生产力，好像只有社会的绝对的消费能力才是生产力发展的界限。
>
> ——马克思，《资本论》

马克思对这一思想的表述方式是非常重要的。它解释了马克思为何把资本主义的周期性经济危机看作一种"生产过剩"。

他指出，在资本主义的生产能力（它在其繁荣的顶峰期也尽力地向前发展）与资本主义的社会关系（我们已经看到，它必然会限制群众的消费）之间存在着一种矛盾。资本主义社会的绝对的生产能力事实上并不是对生产的唯一限制。实际上，这种生产能力同资本主义不平等的社会关系相矛盾。而且，这种生产能力也是与这样的事实相矛盾的，即：对资本主义来说，有限性原则并不是它愿意承认的一种原则，但消费却是有限度的。

依我看，在整个"生产过剩"状况下，最直接也最为关键的因素是过度的工厂设备（生产）能力——这意味着超出可被利用的更多的工厂、矿山、机器设备和农民的土地。这种配备几乎总是超出购买能力，而且很常见的是，如果你相信，它也超出了消费需求——就算购买力是无限的。美国的鞋工厂具备了每年生产9亿双鞋的能力。目前，我们每年购买大约3亿双鞋——人均两双半鞋。就我本人而言，一年两双就够我使用和满足我的款式需求了。不过，假定我们对鞋的消费增加一倍——可以说，让美国人的脚享受个够，那么，目前鞋工厂也尚有三分之一的配备处于闲置状态。鞋工厂的数量超出了我们现实或想象中所有可能的需求。

——斯图尔特·蔡斯（Stuart Chase），《哈泼斯杂志》（*Harper's Magazine*，1930）

在某些经济部门为何会出现过剩的生产能力，它会超出有效的消费乃至于超出可预见的需求（假定消费是无限的）？为解释这一点，我们需要把积累的必要性同资本主义市场缺乏旨在调控需求-产出的协同机制这一事实结合起来考察。私人资本在确定可以盈利的地方被投注到生产中，而每一份

斯图尔特·蔡斯

私人资本并没有同其他资本家协商来评估整个社会需求，如同他们不会就此同他们的工人协商。

积累的必要性、工人同生产资料所有权的分离、不断累积的社会不平等、整个市场的无政府状态，这些因素共同作用，推翻了市场均衡可以通过供需的和谐互动而达成的愿景。

这些矛盾可以概括成一个总的、主要的矛盾：一方面是生产力（拥有巨大的生产能力），另一方面是组织这些生产力的社会生产关系（利润战胜了使用价值和需求）。

> 资产阶级的生产关系和交换关系，资产阶级的所有制关系，这个曾经仿佛用法术创造了如此庞大的生产资料和交换手段的现代资产阶级社会，现在像一个魔法师一样不能再支配自己用法术呼唤出来的魔鬼了。几十年来的工业和商业的历史，只不过是现代生产力反抗现代生产关系、反抗作为资产阶级及其统治的存在条件的所有制关系的历史。只要指出在周期性的重复中越来越危及整个资产阶级社会生存的商业危机就够了。在商业危机期间，总是不仅有很大一部分制成的产品被毁灭掉，而且有很大一部分已经造成的生产力被毁灭掉。在危机期间，发生一种在过去一切时代看来都好像是荒唐现象的社会瘟疫，即生产过剩的瘟疫。
>
> ——马克思，《共产党宣言》

生产过剩必然意味着存在生产不足的现象。如果在某个部门存在太多的产品，那么这意味着在其他部门必然是产品太少。由于追求积累的动力从整个社会的角度看是无政府的、不均衡的，劳动力的总支出并没有同变化着的社会总需求协调起来。

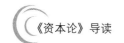

　　我们看到，在资本主义制度下，交换价值比使用价值更重要。我们还看到，交换价值并不显示商品之间任何质的差别，而正是这种质的差别使它们能够满足各种特定的需求。交换价值所显示的是，在统一、同质化的物品上量的差异，它所蕴含的是价值的实质——社会必要劳动时间。假如基于各种原因，社会必要劳动时间并不处在一个对资本来说有足够吸引力的水平上，资本不会投放到一定的生产领域来满足特定的人类需求，那么，该领域就会出现生产不足。相反，由于受到创造更大量价值的机会引领，资本和生产能力会流向其他的地方——无论对使用价值和需求会产生何种影响。

> 　　一方面，耗费在一种社会物品上的社会劳动的总量，即总劳动力中社会用来生产这种物品的可除部分，也就是这种物品的生产在总生产中所占的数量，和另一方面，社会要求用这种特定物品来满足的需要的规模之间，没有任何必然的联系。
>
> ——马克思，《资本论》

　　不过，马克思称资本主义的危机是生产过剩的危机，而非生产不足的危机，这是因为，并非事实的是，资本主义没有生产能力去满足每个人的全部需求。它无非是没有把满足所有人的全部需求当作其优先考虑的事情。

　　有时，政治权利意味着：各种不同的问题实际上就只是一个生产能力的问题。譬如，转基因食品通常被援引为解决世界饥饿的一种答案。这是一个谎言。全世界每天——不错，是每天——大约有 2.5 万人死于饥饿。他们的死亡并不是因为世界上没有足够的食物来供养人们。生产能力就在那里，假如资源能提供给发展中国家的农民，自给自足完全是可以实现的。当一种生产方式像资本主义那样支配了全球资源，那么一定规模的日常"种族灭绝"的责任就该止于此了。

思考资本主义危机的另一种方式是从消费不足的角度来看待它。这种思考方式对许多左翼分析家来说一直很有吸引力。毕竟，马克思本人就认为群众的有限的消费是资本主义危机的核心所在。不过，马克思虽然把资本主义危机的趋势称作是一个消费不足的问题，但他对其所意指的含义还是谨慎对待的。

> 认为危机是由于缺少有支付能力的消费或缺少有支付能力的消费者引起的，这纯粹是同义反复。……资本主义制度只知道进行支付的消费。……但是，如果有人想使这个同义反复具有更深刻的论据的假象，说什么工人阶级从他们自己的产品中得到的那一部分太小了，只要他们从中得到较大的部分，即提高他们的工资，弊端就可以消除，那么，我们只须指出，危机每一次都恰好有这样一个时期做准备，在这个时期，工资会普遍提高，工人阶级实际上也会从供消费用的那部分年产品中

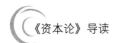

得到较大的一份。

——马克思，《资本论》

历史记录也许会证实马克思的观点。譬如，在第二次世界大战后，发达资本主义国家在劳资之间确立了一种协议。高劳动生产率会获得高工资（这种制度有时以亨利·福特命名，被称为福特主义，他把大规模生产技艺引入汽车制造）。这种制度同不同程度的国家介入结合在一起，国家提供公共产品和调控市场（后者有时被称为凯恩斯主义的经济管理，它以经济学家约翰·梅纳德·凯恩斯命名，他倡导国家干预来帮助稳定资本主义制度）。

John Maynard Keynes

约翰·梅纳德·凯恩斯

Henry Ford

亨利·福特

然而，到 20 世纪 60 年代末，随着战后年代长期的繁荣走向萧条，资本主义再度陷入经济危机。资本主义不再能够给予工人那种曾在繁荣时期从社会总产品中所获得的份额。

> 劳动基金所以不断以工人劳动的支付手段的形式流回到工人手里，只是因为工人自己的产品不断以资本的形式离开工人。
>
> ——马克思，《资本论》

在 20 世纪 80 年代和 90 年代，随着资方的权力增加而工人对抗资方的力量减弱，更多的产品作为资本从工人手里流走，更多的人发觉他们的消费是受到限制的。劳资之间这种新的制度安排被称为新自由主义（neo-liberalism）——是 19 世纪资本从社会责任和义务中解放出来而享受到的自由的一种变种。然而，它再度把那个问题带给我们，即：如何弥合有效的消费与作为价值积累起来而需要通过销售方才能实现的社会产品之间的鸿沟。

该问题的解答办法一直是：通过债务来缩小总的劳动基金与积累的产品规模之间的差距。这对保持资本主义事业的生生不息具有至关重要的意义，尤其是在北美，它为全球资本主义体系提供了强大的动力。

下面来看一下这个让人难以接受的图表，从中可以看出，举债消费即债务在使贫困的消费者也能拥有社会总财富的一部分所发挥的作用，而这些财富原本就是他们的雇主从他们身上剥夺的（虽然这种剥夺对整个制度来说是必要的）。

有待偿还的消费债务与可支配的收入

（单位：10亿美元）

年份	消费债务	消费者可支配收入	债务占可支配收入的百分比
1975	736.3	1 187.4	62.0%
1985	2 272.5	3 109.3	73.0%
1995	4 851.1	5 408.2	89.8%
2005	11 496.6	9 039.5	127.2%

数据来源：联邦储备系统理事会提供的美国资金流量表，2005年第四季度

值得关注的是，联邦储备即美国的中央银行没有看到这类数据，也没有立即宣布：美国经济正在迅猛地滑入灾难之中。相反，联邦政府、政治家和市场继续接受一种无非是大众社会幻想的东西，即：一切都是平安无事和无限可持续发展的。实际的情况却是，到2005年，债务的额度已经远远超过了可自由支配的收入。

不幸的是，2008年这种针对资本主义矛盾所做出的以借债为导向的解决办法的不可持续性终于暴露出来了。对所谓次贷市场（subprime mortgage market，次债市场或次级房贷市场，即为穷人的住房所做的抵押贷款。——译者注）的信心开始瓦解。由于复合贷款在体制内被打包处理、被分

危机

解和出售，银行对谁的经济脆弱、谁有"毒债"（toxic debt，极度有害或风险很高的有毒债务。——译者注）等情况毫不知情。由此，银行之间、进而在银行和公司之间的贷款产生了灾难性的后果而趋于蒸发。早在 19 世纪后半期，马克思就写下了这些话——要是他尚在世，他只需稍做修饰就可以把这些话运用到 2008 年爆发的全球资本主义危机上。

在再生产过程的全部联系都是以信用为基础的生产制度中，只要信用突然停止，只有现金支付才有效，危机显然就会发生，对支付手段的激烈追求必然会出现。所以乍看起来，好像整个危机只表现为信用危机和货币危机。而且，事实上问题只是在于汇票能否兑换为货币。但是这种汇票多数是代表现实买卖的，而这种现实买卖的扩大远远超过社会需要的限度这一事实，归根到底是整个危机的基础。不过，除此以外，这种汇票中也有惊人巨大的数额，代表那种现在已经败露和垮台的纯粹投机营业；其次，代表利用别人的资本进行的已告失败的投机；最后，还代表已经跌价或根本卖不出去的商品资本，或者永远不会实现的资本回流。

——马克思，《资本论》

缺乏对必要商品的有效需求（消费不足）和被需求的商品（如可支付的住房）的生产不足，是生产过剩出现在别处的两个必然的副作用。生产过剩是汽车行业和大量的食品行业所特有的，它同时也在美国军工联合体的年度预算——在经济崩盘的时期达 7 000 亿美元——中表现出来。这张平衡网络造成了生产过剩、生产不足和消费不足，其中，消费不足强化性地表现为乍看起来是信用危机和货币危机的经济危机的最终原因。但由于生产过剩是资本主义社会关系不能够最充分地利用其生产能力的问题所在，因此"生产过剩"这一术语才是最准确的。

任何危机的后果之一是，它往往会加剧马克思所谓的资本的"集权化"（Centralization）趋势。这是一个一部分追加资本接管和合并另一部分资本的过程。危机往往在资本家当中制造出赢家和输家，赢家吞并输家的资本。

在时间上，资本集权化的过程同资本的"集中化"（Centralization）过程相互作用。集中化是指伴随越来越多的资本被积累起来而出现的整个资本的规模扩大，而集权化则是指整个资本在资本主义机构中的分配。

资本主义的历史发展趋势是，伴随着资本的不断积累，资本被集中在超级庞大的个体资本家手中，他们操控着巨量的资源。譬如，今天的许多跨国公司经营着比大多数国家的国内生产总值量还要大的经济实体。

如今，合伙经营的大资本之间的竞争又导致了另一个矛盾：

> 竞争斗争是通过使商品便宜来进行的。在其他条件不变时，商品的便宜取决于劳动生产率，而劳动生产率又取决于生产规模。因此，较大的资本战胜较小的资本。
>
> ——马克思，《资本论》

资本越来越集中和集权到更大的资本手中，这受困于竞争性的积累，至此，我们踏入马克思的第二个危机理论的门槛。马克思称这个理论为"利润率趋向下降的规律"（Tendential Fall in the Rate of Profit）。马克思在《资本论》第三卷中详尽地阐述了这一理论。

利润率下降的趋势研究不同于生产过剩理论，后者解释的是周期性危机的趋势。这第二个理论表明了施加在利润率之上的长期的、潜在致命性的下降压力，它使产业周期性危机更加频繁和严重。实际上，在马克思看来，资本主义制度随着日益衰老而病得越来越严重。

马克思的利润率趋向下降理论包含两部分内容。第一部分是资本主义的内部竞争，它促使技术革新来提高劳动生产率，从而使生产出来的商品变得便宜。第二部分是这个过程所产生的后果，即资本家个人所获得的短期收益转化为利润率的下行压力。

为何会这样？我们已经看到，当新技术被引入生产流程，劳动生产率就会得到提高。结果是，生产一种商品的必要劳动时间降低，无论是对引入新技术的资本家个人还是对其他资本家来说，都会如此，这是因为更便宜的商品可以供给出来满足再生产人类劳动力所需的更低的价值。

我们还看到，这并不真正有利于工人，因为在这一过程中，必要劳动时间减少了，剩余劳动时间、剩余价值生产却增加了。换句话说，剥削的程度提高了。

　　然而，马克思的利润率趋向下降理论揭示了事态的另一个方面。当剩余价值或剥削程度提高时，雇佣工人的人数相对于被购买的不变资本（尤其是新机器设备）的价值来说减少了。但如我们所知，活的劳动力是新的价值生产的唯一源泉。因此，假如为赢得竞争而减少相对人数，那么，资本同时也就在削弱价值生产的真正基础。这里存在一个问题：对留下来的工人的剩余价值提取或剥削率的提高是否足以弥补因雇佣工人人数减少所导致的剩余价值生产基础的弱化？

　　让我们一步步地来加以论证，首先来分析该理论的第一个方面——资本主义的内部竞争是如何驱动劳动生产率提高的。我们已经看到，提高人类劳动生产率从根本上有赖于科学和工业的融合及机器生产的转化。

　　　　像其他一切发展劳动生产力的方法一样，机器是要使商品便宜，是要缩短工人为自己花费的工作日部分，以便延长他无偿地给予资本家的工作日部分。机器是生产剩余价值的手段。

　　　　　　　　　　　　　　　　　　——马克思，《资本论》

　　因此，资本家有双重的动机：增加相对于必要劳动时间的剩余劳动时间（剩余价值）和使他们生产出来的商品便宜，从而击败竞争对手。最初从事技术革新的资本家

他会得到他的商品的生产费用和按照较高的生产费
用生产出来的其他商品的市场价格之间的差额。他能够
这样做，是因为生产这种商品所需要的平均社会劳动时
间大于采用新的生产方式时所需要的劳动时间。他的生
产方法比平均水平的社会生产方法优越。

——马克思，《资本论》

至此，资本家可以以其产品的个别价值或高于其个别价
值——但是低于其社会价值——的水平出售产品。

现在，这个商品的个别价值低于它的社会价值，就
是说，这个商品所花费的劳动时间，少于在社会平均条
件下生产的大宗同类商品所花费的劳动时间。

——马克思，《资本论》

现在，资本家正处在一种健康盈利而又击败了竞争对手
的状态之下。

然而，采用最先进的技术生产出来的商品的个别价值与
采用当下折旧的技术生产出来的同类商品的社会价值之间的
差异，必然会缩小。

技术革新的驱动力在竞争对手那里也是发挥作用的——
要是某个资本家已经抢得先机，它就更能发挥作用。因此，
新的改进的生产手段必然会在整个行业内普及。

　　当新的生产方式被普遍采用，因而比较便宜地生产出来的商品的个别价值和它的社会价值之间的差额消失的时候，这个超额剩余价值也就消失。价值由劳动时间决定这同一规律，既会使采用新方法的资本家感觉到，他必须低于商品的社会价值来出售自己的商品，又会作为竞争的强制规律，迫使他的竞争者也采用新的生产方式。

——马克思，《资本论》

　　当新的生产方式被普遍采用而竞争者在追赶时，最先进行技术革新的资本家（们）很可能会看到他们的利润率在下降。但利润率会恰好降到资本家革新之前的那个水平上吗？

　　按马克思的论证，这是不会的。会存在迫使利润率降到最近一轮技术革新前的水平以下的下行压力。其中的理由在于，相比于投到劳动力上的资本支出，投在不变资本（尤其是直接用于生产过程的新技术）上的资本支出在增长。然而，正如我们所知，不变资本只能把自身的价值转移到商品上，它并不创造价值。

　　剩余价值只是来源于资本的可变部分，而且我们已经知道，剩余价值量取决于两个因素，即剩余价值率和同时使用的工人人数。

——马克思，《资本论》

生产手段上的技术革新往往成就两件事情：其一是剩余价值率确实趋向上升，其二是受雇工人人数在生产手段转变后确实趋于下降。既然活的劳动力是新的价值生产的唯一来源，那么，问题就在于：剩余价值率（剥削）能否提升到足以弥补相对于新的不变资本费用的工人人数的减少？

让我们以商品 X 为例。在生产出来的商品 X 的每个单位中，在不变资本、可变资本和剩余价值之间存在以下的分离：

不变资本（20）+可变资本（80，由 80 个工人所代表）+剩余价值（40），商品中蕴含的总价值是 140。剩余价值率是由剩余价值除以可变资本或者说无酬劳动除以有酬劳动计算出来的：

$$\frac{40（剩余价值）}{80（可变资本）}$$

剩余价值率=50%

利润率是由剩余价值除以单位产品的总资本支出即不变资本和可变资本之和计算出来的：

$$\frac{40（剩余价值）}{20（不变资本）+80（可变资本）}$$

利润率=40%

现在我们假定另一个资本家革新了他（她）的生产手段，结果，不变资本与可变资本之间的比率发生了改变。现在的情形是：

不变资本（80）＋可变资本（20，由 20 个工人所代表）＋剩余价值（20），商品中蕴含的总价值是 120。剩余价值率是：

$$\frac{20（剩余价值）}{20（可变资本）}$$

剩余价值率＝100％

可见，剩余价值率也就是对这更少数工人（是 20 个而非原来的 80 个）的剥削程度翻了一番。这反映出采用新设备能产出更高的劳动生产率。可与此同时，利润率发生什么变化了呢？

$$\frac{20（剩余价值）}{80（不变资本）＋20（可变资本）}$$

利润率＝20％

利润率减半了！原来是 40％，现在只有 20％。为何会这样呢？

这是因为在上述两个例子中，不变资本和可变资本相加都是 100。在第一个例子中，80 个工人所代表的可变资本可以在每种商品中生产出 40 个单位的剩余价值；而在从事技

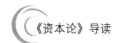

术革新的第二个资本家那里，只有 20 个工人所代表的可变资本则只生产出 20 个单位的剩余价值。剩余价值率即剥削率提高了，但这种提高还不足以弥补可变资本相对于不变资本的比率的下降。

然而，这并不是第二个资本家的初衷。最初，第二个资本家以牺牲第一个资本家为代价而获得成功，因为他可以 120 乃至更高——比方说，125——的价格出售他的商品，而仍然轻松自如地击败第一个资本家，后者却只能受制于 140 的商品价值来出售商品。如果他们不能够实现蕴含在商品中的价值（商品没有被卖掉），那么，更高的利润率（40%）对他们来说也是没有用的。但当第一个资本家也受驱使进行革新（要不就退出商界）时，新的利润率就会稳定在 20% 的水平上——直到下一轮技术革新和削减劳动力，利润率进一步下降。

一旦再度出现短期利益与长期利益的对立，个人利益与阶级利益的对立，竞争就既促进了繁荣，继而又缩减了利润率。不过，需要强调的是：马克思曾经只是表明了利润率的下降压力是一种趋势，而不是一种机械的规律。他确实表示过资本家尚有机动操控的空间。

可变资本的减少，可以由劳动力受剥削的程度的按比例的提高来抵偿，或者说，所雇用的工人人数的减少，可以由工作日的按比例的延长来抵偿。……但是，靠提高剩余价值率或延长工作日来补偿工人人数或可变资本量的减少，是有不能超越的界限的。

——马克思，《资本论》

于是，资本家有可能或是通过雇用更少的工人而使留下来的工人加倍努力工作（提高劳动强度），或是把工人的工资压低到其价值之下，或者使工人工作更长的时间（增加绝对剩余价值）力图提升剥削率。但正如马克思所指出的，对资本家来说，是存在一定的弹性选择，不过，这些选择确实具有不可超越的界限。

资本家也可能为他们的产品尽力地拓展市场——毕竟，其产品的价格会下降。这必然促使资本家生产出更多的产品。但再度出现的是，这一"解决办法"暗藏着生产过剩的危险，最终又导致价值受困于未售出的产品库存。

马克思指出，还有一种抑制利润率趋向下降的方法，那就是利用廉价的原材料，尤其是充分利用来自欧洲列强的殖民地的原材料。正如资本主义制度有赖于被剥夺了任何独立的生产手段的农业工人，资本主义同样需要在全球范围内拓展其势力，在世界各地进行大规模的土地和资源的偷盗和掠夺，以便获得有利的运作"启动器"。

美洲金银产地的发现，土著居民的被剿灭、被奴役和被埋葬于矿井，对东印度开始进行的征服和掠夺，非洲变成商业性地猎获黑人的场所——这一切标志着资本主义生产时代的曙光。

——马克思，《资本论》

自 20 世纪 80 年代以来，资本开始充分利用交通成本和新通信手段成本的下降，把大量的生产基地转移到发展中国家。这种新的帝国形式在很大程度上利用的是经济实力而非直接的政治控制或军事武力——若有需要，后两者也继续予以保留（如同对伊拉克动武）。

譬如，对以各种形式在中国投资的西方多国公司来说，中国有着巨大的吸引力。由此，今天的中国生产出了占全世界总量 20 ％的制成品。中国同其他发展中国家一起为发达资本主义国家提供了走遍世界推销货物的机会。不均衡的发展意味着存在一种时间上的断裂，由此，现代资本主义国家可以使用其价值尚处于 19 世纪的水平上的劳动力，而不是

21 世纪的工人。

　　资本主义能够把新技术节约劳动和时间的优势同尚处农村或脱离农业背景不久的劳动力结合起来。因此，相比较而言，这里的劳动市场上的劳动力价值要低于发达资本主义地区的劳动力价值。不过，既然从这里生产出来的产品还得运回到西方去销售（以高于其价值的价位）——因为中国的劳动者无力购买，那么又会出现新的矛盾，诸如，美国要担负对中国不可持续的巨大的贸易逆差。由此可见，所有反抗利润率下行压力的因素都有其局限性，都会产生其自身的矛盾。

　　至此，可以总结一下，劳动生产率的提高意味着：运用于劳动过程中的活的劳动相对于蕴含在运作的不变资本中的价值来说减少了。这本该是个好消息。这是一种进步。但这种进步对整个资本主义制度来说却又是个坏消息。如今，花费比以往更少量的活的劳动时间就可以生产出等量的财富。采用新技术而导致的劳动力的放大降低了蕴含在每个生产出来的商品中的价值量，因此，驱使商品的价格下降，从而助力了该资本家同其他资本家的竞争。但与此同时，蕴含在生产过程中的活的劳动的相对减少（即便它受剥削的程度比以往还要深），给利润率施加了下行的压力。资本主义制度正在向两个彼此对立的方向上牵引，这无疑是该制度的一大缺陷所在。

以上就是马克思的利润率趋向下降理论。其中的一大难题是：该理论很难从其自身的角度在经验上加以证实。有关不变资本同可变资本之间比率的数据很难收集，也很难在有效计算所必需的规模上加以评估。马克思本人也只是使用了一些同现实的经济活动毫无关联的解释性数据。这就使得人们难以详尽地把该理论运用到当代的经济转型现象中。譬如，能够维持下降的利润率不加大的一大因素是，连同其他商品，作为生产资料的商品（它们构成了不变资本中的固定资本部分）也变得越来越便宜。

> 使不变资本量同可变资本相比相对增加的同一发展，由于劳动生产力的提高，会使不变资本各要素的价值减少，从而使不变资本的价值不和它的物质量，就是说，不和同量劳动力所推动的生产资料的物质量，按同一比例增加，虽然不变资本的价值会不断增加。在个别情况下，不变资本各要素的量，甚至会在不变资本的价值保持不变或甚至下降的时候增加。
>
> ——马克思，《资本论》

由于转向不变资本的资本投入相对于可变资本趋于减少，这或许有助于冲抵利润率的下行压力。有些人断言，在信息技术革命的情境下，情况尤其如此。但由于缺乏足够大规模的数据支持，这种情况几乎不可能以任何方式予以证明。

尽管存在着上述实际的困难，但该理论还是从逻辑上严格遵循了马克思的论证过程。而且，确实有经验证据显示出了利润率的下行压力。假如情况属实，马克思的理论可能提供了最佳的解释框架，开启了人们对该现象背后的复杂原因的理解。

在第二次世界大战（1939—1945 年）后，对各主要的资本主义国家经济体来说，利润率的变化情况不是这样的：

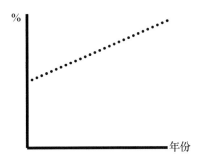

甚至也不是这样的：

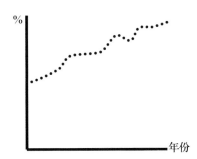

而是这样的：

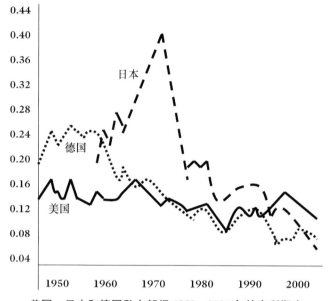

美国、日本和德国私人部门 1950—2001 年的净利润率

数据来源：*The Economics of Global Turbulence*，Robert Brenner.

　　长期来看，整个趋势无疑是下降的——尽管出现过数次上升的情况。美国和德国在 20 世纪 50 年代的那个利润率高度后来就再也没有企及过。日本的资本主义制度在 60 年代末利润率攀升至一个顶点，达到 40%，但现在看来业已成为一个遥远的记忆，其利润率一路跌至 8% 的水平之下。当然，在 20 世纪 80 年代出现了一个短暂而未能持续的反弹（而对美国资本主义来说，这个反弹出现在 90 年代）。到 1997 年东南亚金融危机爆发，各国又开始了一个持续下降的态势。

　　但我们要问：利润率下降为何重要？马克思曾明确指出，并不排除利润的绝对量会增加的可能。可是，问题在于，利润率对重新投回到生产过程中的资本来说是一种"刺激"（马克思称其为 spur）。

> 实现了的利润率是公司从其厂房、设备和软件中取得剩余价值的能力的一种直接衡量手段。它也是公司有望从其新的投资中获取到的回报率的一个最佳而便利的预报器。由此，利润率是作为经济构成部分的企业积累资本和扩大雇佣规模的比率的根本决定性因素。
>
> ——罗伯特·布伦纳（Robert Brenner），
> 《全球动荡的经济学》
> （*The Economics of Global Turbulence*）

假如再投资增殖的刺激下降了，那么，人们就会看到资本累积到银行里不断增长的资本量。这种情形确实一直在发生，譬如，由于感到追加到新厂房和工人身上的投资回报率近乎无利可图，美国的公司现金堆积如山。可是，大量的现金在银行系统内流动只是助推了不可持续的消费行为，同时也刺激了金融市场上高风险的投机活动——如同 2008 年的金融崩溃所显示的。这些非投资的增殖规模可以被看作经济制度出现机能障碍的一大表征，而在当时，其实有很多极其紧迫的社会需求需要得到满足，诸如生态经济的可持续发展。

"利润"

尽管对人们来说，危机是坏消息，但对整个资本主义制度来说，又未必是坏消息。危机在维护资本主义制度上发挥了一定的作用。

> 危机永远只是现有矛盾的暂时的暴力的解决，永远只是使已经破坏的平衡得到瞬间恢复的暴力的爆发。
>
> ——马克思，《资本论》

事实上，经济危机、自然灾难和战争已经成为资本家大规模攫取资产的绝佳机会。灾难过后的掠夺性干预现象已被称为"休克主义"（shock doctrine）。

> 在伊拉克占领期间的早期，我开始研究自由市场对"休克"（震荡）力量的依赖。我从巴格达报道了华盛顿采取休克疗法进行"震慑与恐吓"的徒劳无功；此后，在 2004 年灾难性的海啸爆发才几个月，我又游历了斯里兰卡，见证了同一策略的另一种表现：外国投资者和国际性领袖联合利用恐慌的气氛把整条美丽的海岸线交给了企业家，这些企业家迅速建立起大规模的度假胜地，把成千上万的渔民限制住，不让他们在海边重建村庄。
>
> ——娜奥米·克莱恩（Naomi Klein），
> 《休克主义》（*The shock Doctrine*）

马克思也不得不尝试着去解释：一种像资本主义那样濒临危机的剥削制度何以有效地保持住合法性和赢得各阶级的支持。马克思指出了一些相互强化的方法，由此，经济上的强制趋向于内在化和自然化成"自然而然"的状态。

> 单是在一极有劳动条件作为资本出现，在另一极有除了劳动力以外没有东西可出卖的人，还是不够的。这还不足以迫使他们自愿地出卖自己。在资本主义生产的

进展中，工人阶级日益发展，他们由于教育、传统、习惯而承认这种生产方式的要求是理所当然的自然规律。发达的资本主义生产过程的组织粉碎一切反抗；相对过剩人口的不断产生把劳动的供求规律，从而把工资限制在与资本增殖需要相适应的轨道以内；经济关系的无声的强制保证资本家对工人的统治。超经济的直接的暴力固然还在使用，但只是例外地使用。在通常的情况下，可以让工人由"生产的自然规律"去支配，即由他对资本的从属性去支配，这种从属性由生产条件本身产生，得到这些条件的保证并由它们永久维持下去。

——马克思，《资本论》

在此，马克思所暗示的是，经济关系的无声的强制是如何成为一种嵌入并蕴含在日常生活中的文化力的。教育（非正式的教育，而是我们日常生活中的"教训""训诫"）、传统和习惯"培训"了人，使之接受并去适应资本主义制度。尤为显著的是，马克思在《资本论》中勾勒了一种理论，它让我们领悟到了一种精神满足感，这种精神满足感恰恰是个人从对这种剥夺其权利和力量的制度认同中获得的。继而，马克思还表明了争夺人心的斗争（鉴于该制度的危机趋势，这极其重要）是如何通过一系列的机制（包括国家、文化、媒体和宗教）展开的。这就是下一章的主题了。

第七章　商品拜物教和意识形态

文化人类学家——也是马克思的同时代人——爱德华·伯内特·泰勒（Edward Burnett Tylor）在他的《原始文化》（*Primitive Culture*）一书中写道：

> 把某个事物看作一种膜拜对象，这需要有一种明确的表达：精神或魂灵是被体现于事物之中的，或是通过它发挥作用，或是借助它传递信息，或者至少是，拥有它的人确实这么习惯性地理解这类事物；或者说，一定会显示出来的是：该事物被认为具有人的意识和力量而被看待、被对话、被崇拜、被祈求、被供奉、被宠爱或因其以往或当下对崇拜者的行为而被虐待。

爱德华·伯内特·泰勒

"（膜）拜物"（"物神"，fetish）这一术语通常被人类学家和基督徒用来指称存在于非洲部落中的宗教信仰和实践，是殖民扩张把西方人带到这里与这些部落相接触的。从伯内特的表述中，我们可以总结出拜物的许多特征：

（1）自然物被认为是某种超自然的力量或神灵的住所；

（2）拥有它的人认为这种力量或神灵通过有形的事物传

播信息；

（3）这个人（崇拜者）还认为事物本身就拥有某种独立的意识、自主性和意志；

（4）拜物的拥有者同拜物之间有着紧密的关系——把它当作一个活着的、有人性的存在（人）而非仅仅是一个物。

人们立即可以领会到，"拜物"这一术语何以吸引了马克思视之为一种思考资本主义的方式。直到今天，作为一种思考资本主义的方式，它仍然是有效的。事实上，如果你留意对伯内特的表述所做的上述分析，你就会意识到：在大多数的电视广告中拜物教就闪耀在你眼前。

假如现代维多利亚社会认为，它很早以前就抛弃了拜物教这类原始而落后的宗教实践，那么，马克思则掌握着它们的新情况。在资本主义制度下，拜物教仍鲜活地存在着，它采取了商品的形式。

这只是人们自己的一定的社会关系，但它在人们面前

采取了物与物的关系的虚幻形式。因此，要找一个比喻，我们就得逃到宗教世界的幻境中去。在那里，人脑的产物表现为赋有生命的、彼此发生关系并同人发生关系的独立存在的东西。在商品世界里，人手的产物也是这样。我把这叫作拜物教。劳动产品一旦作为商品来生产，就带上拜物教性质，因此拜物教是同商品生产分不开的。

——马克思，《资本论》

采取了物与物的关系的虚幻形式的一定的社会关系到底是什么呢？我们早先就看到，货币—商品—增殖后的货币，这一资本循环完全处在人力所能控制的范围之外。即便是资本家，也必须服从其强制性，否则，就不再是资本家了。这一积累循环的基础在于生产领域。在资本主义制度下，自由的工人同生产资料相分离，不再占有和支配生产资料。由此，生产及他们生产出来的产品的意义获得了一种自身独有的生命，它独立于直接的生产者。正是这些"物"（货币、资本、商品、利息、价格、价值等等）之间的关系支配了人，而不是相反（由人支配这些物的关系）。

这些"物"获得了如同自然曾经呈现在人类面前的那种令人惊恐的存在特性，它失去了控制而潜在地危害着人类。在资本主义以前，正是生产力不成熟的水平吸引着人们去崇拜物。这种拜物向人们允诺了某种免遭厄运及其他不可理解的神秘力量的庇护。

　　在资本主义制度下，生产力不再处于不发达的状态，我们对我们所处的自然环境的控制意味着，自然环境不再像它过去对我们的祖先那样令人惊恐。但拜物仍然存在着，这是因为现如今，是我们的社会关系在恐吓和威胁着我们。它们逃脱了我们的控制，独立于我们的意志。市场、资本、商品和货币都成为掌控着我们的生命的"物"，它们的活动决定着数百万人的命运，它们所施加的强制让人无可逃脱。

　　这就是商品拜物教的一个方面：物统治着我们的生命，而我们并不统治它们。它们不仅独立于我们的意志，而且以一种自然力同我们相对抗。对此，我们无能为力，就像我们的祖辈那样只有有限的能力去控制自然界对人的剥夺及其不可测的行为。资本主义制度终究是人类社会活动的产物，却是一种我们对之丧失了集体控制力的产物，它获得了独立于我们的存在表征，如同万有引力定律或上帝。

　　如果说在某些表现形式中，这是令人惊恐的，而在其他的表象中，正是这种独立的"客观性"变成了资本主义文化里舒适和慰藉的源泉。因为我们得到承诺，这种像自然力一样统治我们的制度至少是独立于所有的社会和经济利益集团的。它似乎是一套凌驾于党派争斗之上的中立的机制，它调控着人们的行为，魔术般地把自私自利转化成共同的和谐与均衡。

　　确实，商品拜物教还有另一面。要是我们持有它，它就许诺我们会赢回我们曾经让渡给资本的少许权力。货币拥有获取社会财富的预期，消费性商品迎合了庞大的推销、市场营销和广告业所兜售的所有预期，它们作为对我们所失去的东西的一种补偿发挥作用——只要我们拥有它们。

　　我们的这种生存（存在）感似乎有赖于私有制。

　　"有"（占有，having）还是"是"（生存，being）的取舍并不诉诸常识。去占有，是我们生活中的一种常规活动：为了生存，我们必须占有物。而且，我们必须占有物才能享受它们。在占有——占有更多——是一种至上的目标，而人们可以把某个人说成"值一百万美元"的文化里，人们还有可能在"占有"与"生存"之间做出自由选择吗？相反，"是"（生存）的实质无非就是"有"（占有）：要是一个人一无所有，他就什么也不是。

——埃里克·弗罗姆（Erich Fromm），《占有还是生存》（*To Have or To Be?*）

埃里克·弗罗姆

对幸福的研究指出，弗罗姆在"有"（占有）与"是"

（生存）之间做出区分是正确的。研究表明：人们越是把"是……（一个人）"与"有……（物品）"等同起来，就越不幸福：

> 物质主义者在情感上更加不安，拥有更差的人际关系，更不可信赖而缺乏自主感，自尊心也更脆弱。要是孩子，他们很可能有这样的父母——使爱变得视（孩子的）表现而定，使其后代也变成物质主义者。
>
> ——奥利弗·詹姆斯（Oliver James），《利己的资本主义》（*The Selfish Capitalism*）

奥利弗·詹姆斯

　　问题并不在于商品是具有各种表现形式的物质的东西。没有人想回到自我折磨的状态中去。问题在于，这些拜物只是作为无能乏力的补偿发挥作用——它们寓于商品中的真实的权力关系却被掩盖或遗忘了。即便那样，由于这些拜物只是解决我们实际的无力状态的替代物而已，它们并没有真正地发挥作用。它们并没有真正使我们成为快乐而有满足感的人。由此可见，拜物建立在对其必然寓于其中的社会关系的压制之上。

> 　　我们手中持有的钞票似乎是一种无害的物，但仔细端详它，我们从中就能看到为生存而斗争的人的整个世界，有些人为追逐金钱而献出生命，有些（许多）人拼命地去攫取金钱……有些人则竭力地回避金钱……有些人为金钱而杀戮，许多人每天都在因缺钱而垂死挣扎。
>
> 　　——约翰·霍洛韦（John Holloway），《不夺权就改变世界》（*Change The World Without Taking Power*）

　　尽管马克思并未在《资本论》中频繁地使用拜物教这一术语，但这个观念还是传递了有关这部著作的框架结构的大量信息。第一卷开篇的几章都是关于交换和流通领域的内容，这个由资本主义的实践所创造的领域被看作是自然生成的概念、观念、习惯和意识的"温床"（发源地）。这个现实的领域是马克思所谓的"表现形式"（phenomenal form）——

John Holloway

约翰·霍洛韦

当我们屈从于拜物教的威力时，现实如何以其当下的表现触动我们。

这种表现形式掩盖了现实关系，正好显示出它的反面。工人和资本家的一切法的观念，资本主义生产方式的一切神秘性，这一生产方式所产生的一切自由幻觉，庸俗经济学的一切辩护遁词，都是以这个表现形式为依据的。

——马克思，《资本论》

资本主义的市场似乎是一个开放、自由、解放和个人主体的领域，它是自由契约交换的基础。但这只能靠压制"现实关系"来维持。在弗洛伊德（Freud）看来，性崇拜是男性应对来自女性形象所代表的象征性阉割的威胁的精神方式。在马克思看来，拜物是对资本主义制度下男性和女性都要承受的这种现实社会性阉割的应对方式。

事实上，商品拜物教大量利用了性拜物教的内容：要是不表明，拥有它，购买者就会变得更有性能力、获得更大的性满足和对异性更具吸引力，几乎没有商品可以做广告了（同性关系在经济中更有问题的地方在于，它有赖于未来劳动力通过私人家庭的"自然"再生产）。

如果资本主义市场是如此一个自由、解放和赋权的领域，那么，我们为何不能选择走出资本主义市场呢？在这一点上，拜物教的另一面显露出来：资本、商品、货币、价值和市场都变成了一种"第二自然"，它们是不可侵犯、不可批判的赋予物。经济学家和政治学家都告诉我们，我们必须把它们作为无限的万物秩序的一部分加以接受。

活动的社会性质，正如产品的社会形式和个人对生

— 171

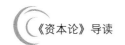

产的参与，在这里表现为对于个人是异己的东西，物的东西；不是表现为个人的相互关系，而是表现为他们从属于这样一些关系，这些关系是不以个人为转移而存在的，并且是由毫不相干的个人互相的利害冲突而产生的。

——马克思，《1857—1858年经济学手稿》

从另一个角度看，如果我们认为我们之间的相互关系无非是彼此毫不相干的个体之间随意的冲突和交换，那么，作为这些冲突的中介之"物"——价格、价值、货币、资本、商品等等——就获得了一种绝对的"客观"（独立）性——如同万有引力定律。

活动和产品的普遍交换已成为每一单个人的生存条件，这种普遍交换，他们的相互联系，表现为对他们本身来说是异己的、独立的东西，表现为一种物。

——马克思，《1857—1858年经济学手稿》

不过，在资本主义制度下，社会和经济关系虽然实际上已经逃脱了我们的控制，但它却又是在原则上可以以万有引力定律所不具有的方式被彻底改变的社会历史条件的产物，就此而言，这种表象是局部的和不完全的。

确实，从另一个角度看，源于自主活动的随意冲突和交换的资本主义社会的表现形式呈现为一个主观的和个体自由的广阔领域。

> 尽管个人 A 需要个人 B 的商品，但他并不是用暴力去占有这个商品，反过来也一样，相反地他们互相承认对方是所有者，是把自己的意志渗透到商品中去的人格。因此，在这里第一次出现了人格这一法的因素以及其中包含的自由的因素。谁都不用暴力占有他人的财产。每个人都是自愿地转让财产……每个人为另一个人服务，目的是为自己服务。
>
> ——马克思，《1857—1858 年经济学手稿》

至此，我们知道，社会的表现形式是绝对客观和独立于我们的，从这个角度看，拜物教的这一面只适用于资本主义最初所确立的非常短暂的期限内。它美好、积极而生机无限的含义完全没能揭露出发生在资本主义制度下的隐秘的暴力、强制和盗窃。并不是人的意志渗透在商品中，而是商品的强制性渗透在人的意志中。

拜物的这两面——作为纯粹客观的、如同自然般的"物"的社会和作为纯粹主观的、无任何社会决定性因素的个体自由——无法统一。即便是纯粹的主观性也拥有一个消极的"他我"，因为没有边界限制的主体就如同无关乎个体主观性的"物"的客观世界一样令人恐怖。

在资本主义制度下，很多东西都没法说通成一个融贯的

整体。使用价值与交换价值、劳动与资本、不变资本与可变资本、必要劳动与剩余劳动、短期与长期、手段与目的、生产与消费、客观与主观、生产力与生产关系等等都没有做到融贯。所有这些对立面一一显示出资本主义社会是如何向着迥然不同的方向前行的。

　　马克思的商品拜物观给我们提供了一种思路，引领我们去思考诸如此类的对抗性压力是如何在我们的心理及意识内排解、宣泄的。资本主义是如何"内在于"我们，而不仅仅是"就在那里"。这一概念还解释了资本主义社会中许多重要的思想、价值观和信仰的发源地。当商品交换成为一种近乎普世的生活特征时，这些观念就从交换行为本身自然而然地生发出来。

> 资本和劳动的交换，在人们的感觉上，最初完全同其他一切商品的买卖一样。买者付出一定数额的货币，卖者付出与货币不同的物品。在这里，法的意识至多只认识物质的区别。

> ——马克思，《资本论》

工人与资本家在市场上的交换给人的感觉是一种免受操控和强制的交换，因为在交换的那一刻根本就没有出现操控和强制的现象。工人不是戴着枷锁去交换市场的，资本家也不是带着一群全副武装的暴徒去市场的。也没有发生什么有形的、可感知的、带有明显强制性和剥削性的事情。只有当我们把交换置于广阔得多的生产情境之下时，我们才开始看到我们曾经所看到的那些有问题的社会关系，它们被掩盖在这种物质交换（货币与劳动力之间）的背后。由此可见，事情看起来的样子（表现形式）与事情实际的样子（实质）之间，再度出现了分裂。

当然，由于我们生活的全部要远远超出一系列的市场交换行为，社会联系之网把我们彼此维系到一起——通过工作单位、社区、经济部门以及延伸到整个世界的商品链条，商品拜物不可能如愿地把我们意识和体验的方方面面都殖民化。

然而，在资本主义制度下，还发展出了一系列的组织机构来强化商品拜物教，把日常生活中的拜物教形式修饰成融贯程度不一的教义，把事情自然而然般地讲述成一套套融贯程度不一的叙事。这些机构依据不同资本主义社会的特定历史条件来阐发思想、价值观、信仰等，并使之适应特定的历史条件。这些教义和叙事必须力图去弄懂和说通事情——必须以维护资本主义的方式或至少以不至于对资本主义根基提出质疑的方式去弄懂和说通资本主义的各种矛盾。

> 统治阶级的思想在每一时代都是占统治地位的思想。这就是说，一个阶级是社会上占统治地位的**物质**力量，同时也是社会上占统治地位的**精神**力量。支配着物质生产资料的阶级，同时也支配着精神生产资料，因此，那些没有精神生产资料的人的思想，一般地是隶属于这个阶级的。占统治地位的思想不过是占统治地位的物质关系在观念上的表现，不过是以思想的形式表现出来的占统治地位的物质关系；因而，这就是那些使某一个阶级成为统治阶级的关系在观念上的表现，因而这也就是这个阶级的统治的思想。此外，构成统治阶级的各个个人也都具有意识，因而他们也会思维；既然他们作

为一个阶级进行统治，并且决定着某一历史时代的整个
面貌，那么，不言而喻，他们在这个历史时代的一切领
域中也会这样做，就是说，他们还作为思维着的人，作
为思想的生产者进行统治，他们调节着自己时代的思想
的生产和分配；而这就意味着他们的思想是一个时代的
占统治地位的思想。

——马克思恩格斯，《德意志意识形态》

与资本主义相适应的思想生产的核心机制有教育制度、
政治制度、媒体、宗教，乃至于像工会这样的工人组织。这
些组织机构并不直接由统治阶级来配备，而是由马克思所谓
的"思想观念的宣传者"（conceptive ideologists）来配备。
由于与国家或与社团力量或同时与这两者紧密相连，这些组
织机构及其思想观念的宣传者制定出了一套套的框架，来解
释发生在他们身边和他们就置身于其中的混乱不堪而矛盾重
重的现实。

由于他们的思想和价值观体系确实拥有某种现实基
础——资本主义制度的表现形式（资本、商品、交换、市
场、竞争等等）及其后果所构成的现实，他们的思想体系或
意识形态的确具有某种锐力、某种成就，而且通常在人们的
心目中持有令人担心的貌似合理性。

与此同时，由于现实的表现形式没有也不能够揭示出实
际发生的一切，这些占统治地位的思想必然有其局限性、弱

点、盲点和脆弱性。它们可能会被它们试图貌似合理地予以解释的事情弄得迷糊和困惑。或者，也许他们根本就不清楚，在一定的社会情境下，尤其是在社会矛盾冲突不断升级的时候，到底该采取哪种举措才能捍卫和增进整个资本主义的利益。

在任何实际的历史环境下争夺人心的斗争的复杂性并不是马克思在《资本论》中关注的主要焦点，但他的确做了举例说明不同阶级或同一阶级内各派别之间的斗争扩展了什么可以被表达以及它在多大范围内可以被传播。譬如，围绕废除《谷物法》（Corn Laws，英国历史上限制谷物进口的税法，1846 年被全部废除。——译者注）的运动所展开的斗争。进口税在 1815 年被采用来保护英国地主免遭廉价的进口产品的冲击，但自由贸易运动不断鼓动人们废除《谷物法》。这场运动是由中产阶级自由派（他们有进行改革的一系列广泛的道德动机）和工厂主（他们在废除《谷物法》上拥有某种经济利益）两方组织起来的。

《谷物法》的废除之所以对工厂主有吸引力，是因为廉价的食品可以降低劳动力的价值。它还吸引了工人运动，则是出于一个相反的理由：廉价的食品使得工人可以得到更多可支配收入来购买其他物品（但要是工厂主压低工资，这就做不到了）。有些中产阶级鼓动者承诺支持 10 小时工作日制——工厂主当然不愿意这样，力求赢得工人的支持。《谷物法》被制定来为之服务的大地主当然不愿意看到《谷物法》被废止。下面是马克思对这种围绕今天我们所谓的"公共领域"所展开的复杂的阶级斗争影响的描述。

> 谷物法临废除前的一段时期，进一步透露了农业工人的状况。一方面，资产阶级鼓动家的利益是要证明这个保护法对谷物的真正生产者很少起什么保护作用。另一方面，工业资产阶级又非常恼恨土地贵族对工厂状况的非难，恼恨这些腐败透顶、丧尽天良、矜持高傲的游惰者对工厂工人的痛楚所表示的假慈悲，恼恨他们对工厂立法所表现的那种"外交热忱"。英格兰有句古老的谚语：两贼相争，好人得利。事实上，统治阶级的两个派别在关于它们当中谁最无耻地剥削工人的问题上展开的喧闹的狂热的争吵，从左右两方面有助于真相

的暴露。舍夫茨别利伯爵，又称阿什利勋爵，是贵族慈善家反工厂运动的先锋。因此，他成了 1844 年至 1845 年《纪事晨报》上揭露农业工人状况的文章中的热门话题。

——马克思，《资本论》

在调查性的揭露中，该报揭发了著名的反工厂活动家阿什利勋爵/舍夫茨别利伯爵是如何剥削他的租户的，他向土地上那些薪酬最微薄的工人收取高额的房租。马克思详尽地引述了《纪事晨报》上公开的数据。这份报纸当然不是资本主义的敌人，而是贸易自由主义者的喉舌。不过，在统治阶级内部存在矛盾冲突和工人运动高涨的情境下，意识形态的生产本身也成为一场意识形态的斗争。这并不是一场平等或公平的斗争，但是，争夺人心的斗争能够成为暴露真相的催生因素，它由此超越了——在这一案例中——由媒体所确定的有限的讨论期限。工人会合乎情理地从普通的公共讨论中得出结论：无论是地主还是工厂主实际上都不可能持有工人自身的利益，而中产阶级的自由人士希望的渐进式改革同他（或她）——工人自身——的意识协调一致起来。

《德意志意识形态》中那个公理般的声称——占统治地位的思想都是统治阶级的思想——对哲学家和伦理学家无疑是一个打击，因为他们往往认为，他们的信仰系统是独立和超脱于像社会利益和经济利益这样的庸俗之物的。马克思在

《资本论》中所举的例子却揭示出许多东西使这一公理变得
复杂起来：

占统治地位的思想并不是一体化的，而是由不同的方面
所构成。其他的思想也是在暗地里——如果不是公开地——

厄尔·舍夫茨别利

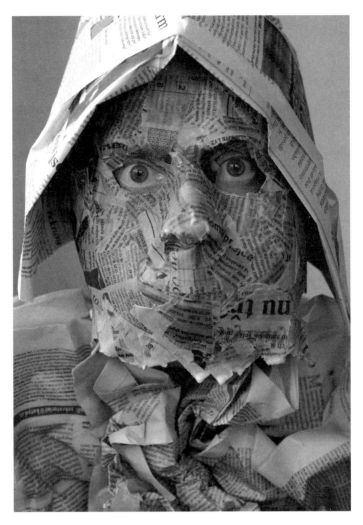

被承认或流通的（在马克思的例子中，这种思想就是高涨的工人运动，它是统治阶级两大派系都想争取的对象）。

占统治地位的思想还程度不一地容纳了来自被统治阶级的要素、视角、价值观等等，这是为了更有说服力地向他们宣讲。（要不然，马克思的例子中对剥削工人的道德义愤来自哪里呢?)

安东尼奥·葛兰西（Antonio Gramsci）是以一种最精致的方式阐发马克思的意识形态斗争观的马克思主义者。他是意大利共产党的领袖人物之一。他构想出了一套框架来思考思想观念宣传者或知识分子在一个阶级分化的社会内的作用。葛兰西利用了马克思在社会经济基础——亦即生产方式——与上层建筑——是指所有涉及精神生产的组织机构，无论是私人的还是公共的——之间所做的划分。

安东尼奥·葛兰西

　　知识分子与生产界之间的关系并不像基础性社会群体与生产界的关系那么直接，这种关系程度不一地被整个社会组织结构和上层建筑复合体所"中介"，而知识分子恰好是社会的"工作人员"……我们可以确定两大上层建筑"层面"：其一是"市民社会"，它是通常被称为"私人领域"的整个有机组织；其二是"政治社会"或"国家"。这两个层面分别对应统治集团在全社会范围内行使的"领导权"（hegemony）功能与由国家和"司法"政体行使的"直接统治"或控制功能。……知识分子是统治集团的"代理人"，他们行使社会领导权和政府的从属职能。这些职能包括：（1）绝大多数人"自然"认同（"spontaneous" consent）核心的统治集团施加到社会生活之中的统一指引。这种认同是"历史地"由威望（进而信赖）造就的。由于其在生产界中的地位和职能，统治集团享有这种威望。（2）国家强制力的机器"合法地"将训诫施加于那些不积极地或消极地"认同"的群体上。不过，这台国家机器是在做不到"自然"认同时，出于对控制和引导危机时刻到来的预期而为全社会构造起来的。

　　　　　　　　　　　　——安东尼奥·葛兰西（Antonio Gramsci），
　　　　　　　　　　　　《狱中札记》（*Selections From The Prison Notebooks*）

　　知识分子与生产界的关系是由整个社会及上层建筑内部复杂的劳动分工所决定的。葛兰西对作为私人组织的市民社会与国家——他往往把国家同法律和物质暴力及强制力联系在一起——做了区分。由志愿者成员所组成的私人组织关涉领导权建构功能。领导权是一种引导权，它支配着大众认同于统治阶级所控制的社会和经济生活的指引过程。这种认同其实并不是自然而然的（因而加了引号""），而是在每一块文化和政治阵地上争夺人心的残酷斗争的产物。在认同遭到挑战的地方或是当它被削弱到威胁统治阶级的地步时，就有可能动用国家的强制力和暴力。

　　不过，在许多组织机构中，市民社会与国家之间的严格区分界线是有点模糊不清的。政党是国家的一部分，但在民主政体里，他们又不得不去争取认同（拉选票），其成员身份也是自愿的。家庭是私人性的细胞组织，但其成员身份（对孩子来说）并不是自愿的，它通常要从国家那里获得物质上的且总是意识形态上的支持。教育是国家的一部分，但它同时在很大程度上是在认同的基础上运行的——尽管在必要的时候要以强制力为保障。

　　葛兰西论说的宏大要旨是足够清晰的。知识分子在把大众认同纳入道德和精神的领导权上发挥着至关重要的作用，统治阶级必须在社会和经济生活中行使这种领导权——如果他们认定自身为统治阶级。

大多数的政治家、科学家、新闻记者、神职人员、大学教师、研究人员和改革者,都不认为那是他们及其所属的组织机构所发挥的作用。他们深入细致地推进各自的专业规程,这些规程有助于掩盖决定其所作所为的社会和经济利益。但事实是,他们的组织机构首先就是由他们及其他的知识分子组织起来的,普通公众很难影响到他们的所作所为,而国家和/或公司的力量却对他们所做的、如何做的以及为何这么做产生深刻的影响。这一事实所证实的就是这一点。下面描述的是在媒体行业中,职业行为符码如何运作才能建构领导权:

> 在美国,不断演进的新闻业把某些核心的价值观整合到专业符码中。自然地,对这些价值观而言,就不存在所谓客观、专业的东西。……为摆脱与报道选材相关的争议,专业主义的新闻业认定由正式消息源——譬如,政府官员和知名公众人士——所为的一切为合法新闻的基础。……新闻记者提出的话题并不是由正式的消息源所谈及的,他们因此而被指责为新闻行为不专业,是试图将个人的偏见塞入新闻中……新闻业的另一个缺陷是,它对语境化叙述的回避……依照专业主义的标准,提供有意义的语境和恰当的背景往往会将新闻记者放于一个确定的位置上,从而避免产生专业主义决意要回避的争议……不是保持政治中立,新闻业偷偷贩运有

利于所有权人和广告主的商业目的、有利于商界巨头的
政治目的的价值观……由此，犯罪报道和有关皇室家庭
和名人的报道成为合法的新闻。

　　——罗伯特·麦克切斯尼（Robert W. McChesney），
　　《媒体的问题》（*The Problem of Media*）

　　不过，葛兰西对介入赢得认同过程中的复杂多样、灵动
而混合的对话过程保持敏感。这个认同过程并不是以纯粹的
教条自上而下地强加为特征，而更多地是以不同阶级阵线之
间棘手、带有分化趋向（甚而不对等）的妥协和通常源自大
众、近乎吝惜的认同的赢得（认同的赢得是以占统治地位的
意识形态不得不整合至少是某些本土或阶级特有的现实因素
为代价的）为特征的。下面是葛兰西所描述的一种领导权机
构——天主教会——在 20 世纪 30 年代的意大利所发挥的
作用：

　　常识（common sense）的基本要素是由宗教提供
的……但即便就宗教而言，还是有必要做出严格的区分。
每一种宗教，像天主教……实际上是不同的——通常乃
至于彼此对立的——教派的多元综合体：有农民的天主
教、小资产阶级的天主教、城镇工人的天主教、妇女的
天主教和知识分子的天主教等，这些教派还各不相同，
互不沟通。但是，不但是这些现存的不同天主教派的不

成熟、不精致的形态对常识产生了影响，而且，先前的宗教、当前天主教的早期形态、流行的异教运动、与以往宗教捆绑在一起的科学性迷信等等，也都影响了当今的常识，并成为当今常识的构成要素。在常识中，"现实主义的"、唯物主义的要素——也就是朴素感觉的直接产物——占据主导地位，但这并不与宗教要素相冲突，相反，这些常识性的要素就是"迷信的"、非批判性的。

——葛兰西（Gramsci），《现代王子别集》
（*The Modern Prince and Other Writings*）

葛兰西为我们提供了一种如何进行意识形态分析的模式。他深入天主教是一套无缝合一的融贯的意识形态这一表象之下，确认出构成它的各种不同的派系。天主教的统一性为之一变，被一致声称自己是天主教徒的不同阶级、地区乃至性别的人所分化。

然后，葛兰西指出，天主教同迄今仍然活跃在某些民众意识中的其他宗教情感相互结合又不得不相互竞争。最后，他表明了宗教在常识上是从属并植根于资本主义社会日常生活现实中的"物质主义"哲学的。

但是，葛兰西的论证有一个突然的、令人意想不到的转折，它提醒人们回顾马克思对商品拜物教与宗教所做的类比。葛兰西声称宗教精神与朴素的唯物主义事实上并不是相互对立的。

　　在阐明了不同要素的矛盾本性造就了天主教对常识的影响后，葛兰西的发现令读者震惊，他提醒我们在宗教观与朴素的唯物主义之间有一种隐藏的亲缘性。这种由资本主义所

促进的亲缘性表现为：无可置疑地接受一切（譬如资本、商品等等），就像认定所发生的一切都是"神的意志"的虔诚态度一样带有宿命论色彩。

通常，葛兰西把常识看作是由源自过去和当下的诸多不同的文化素材组合起来的矛盾混合体，它也是由在日常生活环境下锻造的领导权机构所塑造的。就常识是碎片化和矛盾的而言，这是统治阶级的文化武器库内的一大弱点。它开启了人们意识里的鸿沟和裂痕，这些鸿沟和裂痕被发展到对常识的背弃，由此发展出葛兰西所谓的良好的判断力（good sense）。不过，这样的发展要求有政治组织和集体行为的支持。

但常识的碎片化特性也能为统治阶级效力。当常识变得不那么融贯，不能严肃地反映不可兼容的构成要素的时候，或在常识的来源有待追溯的地方，这对统治阶级来说完全是可接受的。为何如此？因为不融贯并不是反对的基础。

采用葛兰西的方法路径，我们可以看出好莱坞是如何拥有像葛兰西时代天主教会那样冠冕堂皇的统一性和权力的。电影产业中经济权力的集中化和集权化赋予了好莱坞一种全球性的势力范围。商品形式对好莱坞的渗透影响到它的方方面面，包括叙事结构、明星、特技效果、产品定位等等。不过，从好莱坞电影中我们也可以察觉到葛兰西在天主教会中所发觉的那种不同"哲学"的矛盾结合体。

譬如，发现好莱坞电影表现出类似于马克思主义对大财团（商业巨头）的批判——即便这种马克思主义的批判是与其对叙事问题个人主义的、资本主义式的解决结合在一起的，这也是很平常的事。正如天主教会不得不去整合并适应意大利不同的社会环境和阶级——尽管仍然要保持某种意识形态上的统一性，为了达到娱乐的目的，好莱坞也得不时地去承认、整合并实际地发掘、利用大众对大财团的焦虑和敌意。政治上进步而又身处电影公司制度中心的创作天才们确实具备某种手段、优势。

大财团企业战略中的关键缺陷在于，每部电影都必须被当作最流行的时尚元素卖出。一部电影开篇的标识并不能为公司卖出产品，这对那些市场营销经理或代理们并没有好处，他们被不断降低的演出季票房收入禁锢在公司的媒体体制内。明星、导演的知名度、特效和故事情节的质量都是电影的卖点。电影内容必须有能吸引观众的一些片段。这就意味着，精明地介入社会的电影摄制者如果能够让公司制流程中的某个人确信，他们的创意会卖出好价，那么，他们就能创造出一个阐发自己概念的空间，为自己赢得导演控制权。

——本·迪肯森（Ben Dickenson），《好莱坞的新激进运动》（*Hollywood's New Radicalism*）

在这个方面，主流电影比主流新闻或主流政治更能够吸纳和反映大众的情绪。由于主流新闻和主流政治在触及现实的决策问题上要具有更多的决定性，因而给占统治地位的社会和经济利益集团带来更直接的影响，它们发挥作用的发言范围比主流电影更狭窄。

事实上，正如新自由主义政治业已成为世界上许多地方通行的准则，这种政治语言和理念同大财团的语言和理念几乎不可区分。参与民主选举采取了像市场交换一样的平等、自由和个性的形式。就像工人和资本家之间的交换，其中实际的不平等、压制和阶级权力的行使都被掩盖了。大规模的广告、公关和媒体宣传活动一起为下一代政治领袖造舆论声势，而事态发展的最终结局都一样：就是绝大多数人的失望——基于许诺与现实之间豁开的巨大反差。

毫不奇怪，在选举计票前，大财团就早已派人打入政治内部而控制了决策议程。我们人民无非是选出哪一个政治集团来执行这个议程。新自由主义下的代议制民主已经变得越来越空壳化了，这在发达资本主义世界的许多国家和地区，尤其是在美国和英国，造成了代议制民主从主流政治撤出的普遍趋势。

> 在 20 世纪末，公司秩序显得比近年来任何时候都要稳定和可控——虽然出现了一系列可以侵蚀整个资本主义大厦基础的加剧的矛盾。之所以如此，在很大程度上是因为在其全球化的显现中，无论是国家还是市民社会领域，资本主义制度已经能够在前所未有的程度上维护意识形态和文化上的领导权。……不同于卷入日常斗争和草根运动的大众阶层，精英们一般都不承受极度碎片化的身份和目标所带来的、广为人知的"后现代"隐忧。尽管存在内在的分化，但他们整个阶级的定位还是很统一的。当资本变得更为流动、灵活和全球化，当物质和技术资源变得更为集中，跨国公司开始享受到新的优势以及从质上且实际上享受着立于它们面前的所有一切（包括最强大的民族国家）。
>
> ……在一个被经济危机、社会两极分化和内乱弄得四分五裂、最终还要面临生态灾难的世界，公司的领导权还能否维持住，则是另一个问题了。
>
> ——卡尔·博格斯（Carl Boggs），《政治的终结》
> (*The End of Politics*)

在上述情境中，拜物的威力在增长，它采取了数不清的各种形式，从商业价值观对公共领域的殖民化，到无数个人治疗类型的增多；从技术拜物教到自然拜物教；从不断增长的宗教吸引力（表现为大量令人眼花缭乱的奇异形式），到另类政治碎片化成单一"可操控"的问题或碎片化成"生活方式"；从公开的不满碎片化成私下的退缩，到靠吸食药物的各种形式（有些是合法的，有些是非法的）麻痹人的伤痛。拜物只是从观念上给人以抚慰和补偿，实际上毫不触及问题的本性或问题所关涉的范围。与此同时，整个世界依照资本的指令在不停地高速旋转——累积着一场又一场的灾难。

第八章　资本主义之后?

在《资本论》中，马克思并没有把写出"未来饭馆的食谱"当作他的事业，相反，他通常反对详尽地推测终将超越资本主义制度的未来社会的样子。但我们还是能够从他对资本主义的批判中弄清某些赋予这样一个社会以生命的原则。

资产阶级在它的不到一百年的阶级统治中所创造的生产力，比过去一切世代创造的全部生产力还要多，还要大。自然力的征服，机器的采用，化学在工业和农业中的应用，轮船的行驶，铁路的通行，电报的使用，整个整个大陆的开垦，河川的通航，仿佛用法术从地下呼唤出来的大量人口——过去哪一个世纪料想到在社会劳

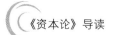

动里蕴藏有这样的生产力呢？

——马克思，《共产党宣言》

要是马克思还在世，他该不会惊异于今天的生产力水平吧。今天的生产力进一步增强了我们改造自然、建造奇妙机器（及致命机器）、运用科学于工业之中、改进和发明新的交通和通信方式以及在曾经的荒野上快速修建城市的能力。

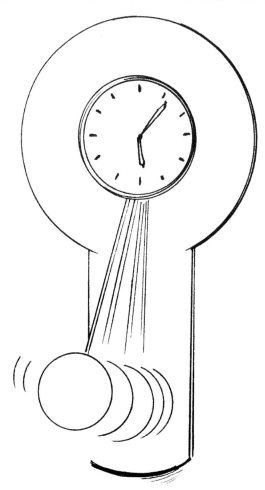

但正是资本主义的成功使其历史的终结不仅是必要的，也是可能的。之所以可能，是因为现如今由我们支配的生产力强大到足以消除匮乏、剥夺、饥饿和不平等。之所以必要，是因为资本主义的社会关系不断地阻挠实现这些可能性，并实际地把生产力转化成反人类的力量。

这在剩余劳动时间的增加上极其明显。随着生产力变得越来越强大，工人必须劳作以再生产自身的时间越来越少。但他们的劳动时间并没有因为生产率的提高而减少。相反，他们的剩余劳动时间还增加了。

> 只有消灭资本主义生产形式，才允许把工作日限制在必要劳动上。但是，在其他条件不变的情况下，必要劳动将会扩大自己的范围。一方面，是因为工人的生活条件将会更加丰富，他们的生活要求将会增大。另一方面，是因为现在的剩余劳动的一部分将会列入必要劳动，即形成社会准备基金和社会积累基金所必要的劳动。
>
> ——马克思，《资本论》

社会主义将意味着必要劳动与剩余劳动之间二元对立的消除。到那时就不再有像剩余劳动这样的事物，因为所有的劳动都将被调入工人自身所必需之物上。必要劳动虽然很可能会增加，但它的量将远远不及今天的必要劳动量与剩余劳动量之和。

在劳动强度和劳动生产力已定的情况下，劳动在一切有劳动能力的社会成员之间分配得越平均，一个社会阶层把劳动的自然必然性从自身上解脱下来并转嫁给另一个社会阶层的可能性越小，社会工作日中用于物质生产的必要部分就越小，从而用于个人的自由活动，脑力活动和社会活动的时间部分就越大。……在资本主义社会里，一个阶级享有自由时间，是由于群众的全部生活时间都转化为劳动时间了。

——马克思，《资本论》

工作日的缩短当然会把越来越多的人带入生产过程中，来分担不断减少的劳动负担——由此，解决了资本主义制度下失业这一资源浪费。

未来新社会将有一套不同于旧社会的财富评估标准。在资本主义制度下，劳动时间既是工人也是靠劳动时间致富的资本家的财富标准。在资本主义之后，劳动之余可自由支配的闲暇时间将成为财富的尺度。然而，资本主义不可能提供这一尺度——即便它创造了这一尺度得以产生的基础。

资本本身是处于过程中的矛盾，因为它竭力把劳动时间缩减到最低限度，另一方面又使劳动时间成为财富的唯一尺度和源泉。因此，资本缩减必要劳动时间形式的劳动时间，以便增加剩余劳动时间形式的劳动时间。

——马克思，《1857—1858 年经济学手稿》

资本主义社会越发达，用于生产生产资料的产品——也就是，旨在制造可在直接生产过程（个人消费）之外消费的商品的机器设备——的劳动时间就会增多。这种不变资本的增长是匮乏减少的标志。只有出现一定程度的剩余和克服匮乏，社会才能从旨在满足个人消费的产品生产中提取出劳动时间。这样就可以做到良性循环了。更多的劳动时间就可以被用于机器设备的生产，而生产的机器设备又进一步提高了供个人或公共消费的产品生产的劳动生产率。

但诚如我们所看到的，由于资本主义提高了不变资本相对于可变资本的比率而最终削弱了利润率的真正源泉，其所追求的良性循环就转化成危机的螺旋式上升。作为证明匮乏相对消除的良性循环转向了更大的匮乏（譬如，更高的失业率、对阻止资本泛滥的公共部门的抨击），这表明：资本主义制度已经变得十分荒诞和非理性。

　　一旦直接形式的劳动不再是财富的巨大源泉，劳动时间就不再是，而且必然不再是财富的尺度，因而交换价值也不再是使用价值的尺度。

——马克思，《1857—1858 年经济学手稿》

由于采用新技术，时间和生理上的努力不再是劳动（直

接形式的劳动）所创造的财富的衡量标准。由此，奠定了把使用价值从受交换价值（它按抽象劳动时间来衡量使用价值）支配的状态下解放出来的基础。我们一开始探究《资本论》时就看到，资本完全不关心使用价值。使使用价值成为其所是的物理属性只是作为寄生者的价值的载体。在资本主义之后，新社会的第二大原则将是满足使用和需求的生产。请记住，马克思曾坚持认为：

> 不论财富的社会的形式如何，使用价值总是构成财富的物质的内容。
>
> ——马克思，《资本论》

现在，我们已经看到，被称为资本主义的财富的社会形式是如何以其为利润而生产的强制性来扭曲和反对财富的物质内容的。

资本主义的捍卫者会把谋利动机歌颂为回报赢家和刺激其他人的一种最为有效的手段。但这真正意味的却是，无论是赢者（资本家）还是其他人都必须屈从于物的世界：

> 不是物质财富为工人的发展需要而存在，相反是工人为现有价值的增殖需要而存在。
>
> ——马克思，《资本论》

资本主义颠倒了曾经的自然关系，即：人类控制着人类创造的东西。这种创造相比于现在或许微不足道，有时就人类共同体而言也是不充分的，但作物和工具都还没有获得一种独立于人类共同体的生命。而在资本主义制度下，不同形式的价值——不变资本、可变资本、商品资本、利润等等——却统治了人类共同体。这就是商品拜物教的根源。

有了商品拜物教，我们人的相互关系即人际关系就被这些物所中介，而这些物却也相互关联着——似乎我们人类是次要的：

> 他们的私人劳动的社会关系……不是表现为人们在自己劳动中的直接的社会关系，而是表现为人们之间的物的关系和物之间的社会关系。
>
> ——马克思，《资本论》

新社会将把被资本主义颠倒和扭曲的优先权颠倒过来，把生产资料重新带回人类的控制之下。

> 资本及其自行增殖，表现为生产的起点和终点，表现为生产的动机和目的；生产只是为**资本**而生产，而不是反过来生产资料只是生产者**社会**的生活过程不断扩大的手段。
>
> ——马克思，《资本论》

这个新社会将把整个事态扭转过来，相应地，资本

主义制造冷漠而离奇的世界观的一切方式、资本主义的
一切怪诞而被扭曲的价值观和先后次序观都将失去其物
质基础。

> 只有当社会生活过程即物质生产过程的形态，作为
> 自由联合的人的产物，处于人的有意识有计划的控制之
> 下的时候，它才会把自己的神秘的纱幕揭掉。
>
> ——马克思，《资本论》

我们知道，资本主义的基础在于直接的生产者与生产资
料、实现其劳动力的手段之间的分离。这种分离是资本家的
个人权力和资本的制度性权力的基础。

由此，这个新社会将重新把直接的生产者同生产资料联
结起来，整个生产将按照生产者的自由结合被组织起来。这
是新社会的第三大原则。自由结合只能意味着：生产将服从
于集体参与和民主管理。

工作场所的民主当然是资产阶级无法容忍的。为积累而
积累只能在生产被一个强有力的精英集团所控制的条件下起
作用。民主成为新社会制度规律的展示渠道，它体现了新制
度的逻辑。一旦集体获得对生产的控制权，满足需求的生产
将取代资本主义的积累逻辑。

由于自由结合的生产者培养出了管理生产的能力，由于
生产者相互之间及生产者同其所效力的共同体之间建立了联

系，所以，国家和市场都将收缩而被改造。代表不同集体所有制和管理形式的部门将增多，而国家和劳动力市场将缩减。不过，大概要经历一个漫长的过渡期，跨越数代人之后才会出现。

如果说这听起来似乎有点乌托邦，那么，我要说，它并不比企图去改造资本主义更乌托邦，而且，与之相比，那种认为资本主义拥有一个长久而美满的未来的想法，无疑就更乌托邦了。如果资本主义确实还有一个漫长的未来，那么，它绝不是一个美满的未来——无论对制度本身还是对生活在这个制度下的人们而言。

马克思是"内在地"建立起对资本主义的批判的，他的批判就是从与为资本主义辩护而捍卫资本主义的经济学家们联系在一起的那些范畴开始的。他阐明了资本主义制度是如何为自身的废除奠定基础的，其内在的矛盾又为何使自我毁灭成为一种必然。改造资本主义的基础就是资本主义自身，而不是某种臆想的或外在的希望之源：

> 如果我们在现在这样的社会中没有发现隐蔽地存在着无阶级社会所必需的物质生产条件和与之相适应的交往关系，那么一切炸毁的尝试都是唐·吉诃德的荒唐行为。……资本本身在其历史发展中所造成的生产力的发展，在达到一定点以后，就会不是造成而是消除资本的自行增殖。超过一定点，生产力的发展就变成对资本的

一种限制；因此，超过一定点，资本关系就变成对劳动
生产力发展的一种限制……通过尖锐的矛盾、危机、痉
挛，表现出社会的生产发展同它的现存的生产关系之间

日益增长的不相适应。用暴力消灭资本——不是通过资本的外部关系，而是被当作资本自我保存的条件——，这是忠告资本退位并让位于更高级的社会生产状态的最令人信服的形式。

——马克思，《1857—1858 年经济学手稿》

图书在版编目（CIP）数据

《资本论》导读/（英）迈克尔·韦恩（Michael Wayne）著；李智译. —北京：中国人民大学出版社，2019.10
（马克思主义研究论库. 第二辑）
ISBN 978-7-300-27200-9

Ⅰ.①资… Ⅱ.①迈…②李… Ⅲ.①《资本论》-马克思著作研究 Ⅳ.①A811.23

中国版本图书馆 CIP 数据核字（2019）第 169363 号

国家出版基金项目
马克思主义研究论库·第二辑
《资本论》导读
［英］迈克尔·韦恩（Michael Wayne）　著
崔圣闰（Sungyoon Choi）　图
李　智　译
《Zibenlun》Daodu

出版发行	中国人民大学出版社			
社　　址	北京中关村大街 31 号		邮政编码	100080
电　　话	010－62511242（总编室）		010－62511770（质管部）	
	010－82501766（邮购部）		010－62514148（门市部）	
	010－62515195（发行公司）		010－62515275（盗版举报）	
网　　址	http://www.crup.com.cn			
经　　销	新华书店			
印　　刷	北京联兴盛业印刷股份有限公司			
规　　格	160 mm×235 mm　16 开本		版　　次	2019 年 10 月第 1 版
印　　张	13.25 插页 3		印　　次	2021 年 3 月第 2 次印刷
字　　数	118 000		定　　价	46.00 元